互联网大金融系列教材

Simulation Experience of
Financial Activities

金融活动模拟体验

主　编　马雪英

副主编　陈中放　朱基煜

ZHEJIANG UNIVERSITY PRESS
浙江大学出版社

图书在版编目（CIP）数据

金融活动模拟体验 / 马雪英主编. —杭州：浙江
大学出版社，2018. 8（2022. 12 重印）
ISBN 978-7-308-18412-0

Ⅰ.①金… Ⅱ.①马… Ⅲ.①金融活动—模拟 Ⅳ.
①F830

中国版本图书馆 CIP 数据核字（2018）第 153489 号

金融活动模拟体验

主　　编　马雪英

副主编　陈中放　朱基煜

责任编辑　王元新

责任校对　杨利军　郑成业

封面设计　春天书装

出版发行　浙江大学出版社

　　　　　（杭州市天目山路 148 号　邮政编码 310007）

　　　　　（网址：http://www.zjupress.com）

排　　版　杭州青翊图文设计有限公司

印　　刷　浙江省邮电印刷股份有限公司

开　　本　787mm×1092mm　1/16

印　　张　10.25

字　　数　195 千

版 印 次　2018 年 8 月第 1 版　2022 年 12 月第 6 次印刷

书　　号　ISBN 978-7-308-18412-0

定　　价　30.00 元

前　言

金融业是现代经济的核心。在经济社会各领域深入推进"互联网+"发展的今天，不管你有没有准备好，互联网大金融时代都已经到来，并影响着社会经济生活的方方面面：在杭州等城市，携带一个手机，你可以解决出游的一切支付问题；动动键盘，你可以几分钟完成小额微贷，需要的资金直接到账；即使到了澳大利亚，都不用重装 App，可以用跟国内同样的方式，租到 ofo 小黄车骑车漫游悉尼港……中国金融这几十年变化之大、变化之快远远超过了西方发达国家上百年的发展速度，同时也影响了世界金融的发展模式。为了适应和跟上这种变化，我们必须以新的视野、新的高度，用互联网大金融思维，观察、分析目前中国大地上真实的金融现象，解决新的金融问题。

近期国家推行普惠金融，金融已经成为每个人、每个家庭必须重视的问题，而普及金融知识和熟悉金融技能是普惠金融的基础。对于财经类本科院校，将金融知识教育和金融基本技能的培养，作为全校学生基础教育的重要组成部分，是为了让每一个学生初步认识金融、懂得金融，并能规划金融活动，助力个人发展。教育学生认识到在今后生活中合理取得投资回报，是他们在应对突发事件和经济困难时的重要保证。而合理的家庭金融规划可以为家庭创造一个更加安全、幸福和富有的未来。因此，让每一个学生在为建设国家出力的同时实现自己幸福美好的人生，也是我们每一个教育工作者的愿望。

另外，近期频频出现的校园贷事件，已经使校园贷沦为"校园害"，其背后既有社会层面的问题，也有容易被忽略的教育方面的问题，即现在的不少大学生不仅缺乏自我管理和控制能力，还缺乏基本的金融常识，缺少"财商"教育。"财商"是继智商、情商后又一值得重视的综合素养。现在金融被誉为"现代经济的核心和血液"，金融理财能力被称为"公民实现富裕幸福生活的基础"，金融常识这堂课应该在大学生中普及。目前有一些地方政府已经把金融知识普及课程列入中小学课程。在网上借贷流行、电子支付普及的今天，如果高校能够与时俱进，进行金融常识方面的教育，就有助于提升学生金融认知水平和金融防骗能力，同时培养学生的"财商"和理财能力。

浙江财经大学东方学院作为浙江省十所应用型试点示范建设高校中唯一的一所财经类高校，一直在探索互联网金融通识教育的内容、形式和路径。从 2013 年开始，学院经过调查、研究和论证，决定以"互联网大金融思维"教育和培养为目标，成立"互联网大金融综合实训项目建设领导小组"，学校领导亲自担任组长并组建了"互联网大金融综合实训项目开发小组"，由十多位骨干教师和二十多位高年级学生组成。开发小组以目前金融业实际运行的金融工具和模式为基础，历经一年编写了上千个流程图和工作表格，开发了实训教学项目和实训教程，又和同花顺公司合作，设计开发了"互联网大金融综合实训软件"，从而构建了互联网金融综合实训平台。该平台从 2015 年下半年开始正式用于金融类专业的综合实训教学，到目前为止，已有十轮 1000 多名学生参加了该实训课程，得到学生的广泛好评和认可。同花顺公司与我校共同举办了三次互联网大金融实训教学研讨会，全国有近百所高校参加、讨论和推广该平台，已经有安徽财经大学等八所学校购买引入此实训平台的教学资源，由我校互联网大金融实训教学团队指导实施。我校的"互联网大金融综合实训"教学模式，领先于全国同类高校，并不断形成引领性影响。

基于该"互联网大金融实训平台"，我们分初级、中级和高级三个层次对具有不同基础的学生进行实训教学：初级实训，是对非经济金融类专业学生开展"金融活动模拟体验"教学，使他们对金融常识、活动和工具有一个基础了解并进行操作实践；中级实训，是"金融综合实训"，适合经济类专业学生和低年级金融专业学生，使他们对金融专业基础知识有一个基本了解，并学会使用一般金融工具进行金融实践活动；高级实训，是"金融专业实训"，适合金融专业高年级学生，在"金融综合实训"的基础上再进一步增加对一些投融资金融工具的深入学习和使用，从金融投资的角度强调金融资产价格分析和风险管理能力的培养，从金融融资角度强调学会企业价值挖掘和管理，使他们对金融有一个深入了解并进行操作实践，培养学生的金融创业能力。

本教材是根据初级实训"金融活动模拟体验"的教学需要进行编写的。"金融活动模拟体验"的教学设计，分两大部分：第一部分"导论"，主要涉及基本的金融知识，供学生在整个课程期间学习，以便让非金融专业的学生对当前金融有一个大概的了解，如"为什么要学习金融""什么是互联网大金融"以及"如何学好金融"等；并以最新发展的互联网大金融的视角出发，系统而通俗地介绍目前日益发展的金融基础知识。第二部分以模拟真实金融市场为前提，以"场景模拟、角色扮演、任务推送、随需而变、不断发展"为主要特色，以"除了钱是假的，其他力争都是真的"为原则，在学习金融投融资常识性知识后，运用真实的投资工具，根据不断变化的真实行情进行股票、期货、基金、外汇等十多种金融投融资活动体验，并完成相应的测试考核。其总共包括六个阶段，分别为"准备""银行业务""证券业务""期货""基金""外汇"。本教材详细设置了五大金融活动体验任务,每个体验任务都有"学习内容""课前预习""实训内容和任务清单"等内容组成,让学生可以方便地根据教材,预习任务所涉及的知识,按照要求完成每一项明细任务,并完成所涉及表单的填写。本教材的实训任务主要为模拟现实金融业务,如银行业务或证券业务,实训以任务驱动的形式按照一定的顺序展开,实际上就是设计任务序列,学生接受任务指令后,按照任务要求完成金融活动体验。学生只有完成任务中规定的工作并提交所有表单,才算完成本次活动体验的任务。比如,在进行"银行住房贷款申请任务"时,学生就要向银行提交"住房贷款申请表""个人收入证明""房屋产权证""身份证复印件""房地产买卖合同"等表单。

为了方便学生开展体验,本教材在每一个阶段后面都有一个"附录",将这个阶段中每个要完成任务的表单附在该附录中,并通过机器压制,使表单容易撕下。学生需要表单时,只要于其中查找并撕下填写即可。另外,五大金融活动的体验实训,可以根据受训学生的学科、专业基础的不同,灵活调整实训时间、内容和难度系数,并在实训平台进行个性化发布,实施个性化分类教学。

本教材由马雪英博士主持并审稿,陈中放博士设计提纲,作者包括(按姓氏笔画排序)马爽、包薇薇、朱基煜、刘冬双、杨佳琤、何梦薇、余雯哲、陈晓菲、罗媛、翟慎霄。在对各章内容反复讨论修改的基础上,由陈中放和朱基煜进行补充、统稿,朱基煜做了大量后期整理工作。

限于作者的知识水平与能力,本教材定存在值得商榷与不足之处,欢迎各位读者批评指正。

目　录

导　论

第一讲　为什么要学习金融

中国经济经过几十年的迅猛发展,使得中国现代就业体制发生了根本性的变化,国民个体收入有了可观的增加,然而以前安排的工资之外的福利渐渐消失,已经悄悄变成工资里的一部分。因此,在人们收入增加的同时,也要注意如何充分利用生活中多余的资产。投资多种金融工具、成为成功的理财人,已经是现代家庭金融生活的重要组成部分。

经济机器是
怎样运行的

近期国家推行普惠金融,金融已经成为每个家庭必须重视的问题,而普及金融知识和熟悉金融技能是普惠金融的基础。作为一所应用型财经类本科院校,突出经管特色,重视经济管理素养的培养,让学生学懂经济、理解金融,并能做好不同人生阶段的金融规划,是非常必要也是非常有意义的事情。正如《富爸爸》里讲的,"**要成为富人,首先要学会像富人一样思考,没有财务自由你就无法真正获得自由**";"**只有财务自由才会有时间自由;只有时间自由才会有事业自由;而只有事业自由才会实现自己的人生价值**"。合理的金融规划可以为家庭带来额外的惊喜,创造一个更加安全、富有和幸福的未来。增加的投资回报是自己在应对突发事件和经济困难时的重要保证。投资与个人的财务管理通过对个人钱财的合理有效的支配使用,使个人和家庭的财富不断增值。下面我们首先来谈一个很现实的问题:你有没有考虑过,如果你只是一般人,而且不懂金融,那你这一辈子赚的钱够用吗?

一、你的一生起码要多少钱才够用?

我们先来看一张你的支出与收入平衡表(参见表单1-3-1)。

请大家在下面的下划线上填上您认为该填的数值,X、Y、Z、M为假设值。请注意,下面的数据是在一定的现实基础上的假设。

多少钱才够用

（一）房子（以浙江省杭州市为例）

根据 2016 年统计数据，杭州市平均房价 25000 元/m²

西湖区平均房价 35000 元/m²

假设你要在杭州西湖区购买一个 80m² 的房子，加上装修费，一共需____元

（二）车子

买一辆经济实用的车约 15 万元

约十年换一次车

加上每年的保养费、油费，各项税金、保险、罚金等合计为____万元

（三）孩子

想生几个孩子呢

从经济的角度考虑，多数人认为只生一个好

一个孩子从上幼儿园、小学、中学到大学毕业一共____万元不包括留学（若留学哈佛大学一年约 100 万元人民币）

（四）孝顺父母

一个月给父母每人____元

夫妻双方共四个老人

孝顺父母的钱，如果按 30 年计算，一共____元

（五）家庭开支

据杭州市统计局统计，全市居民人均月消费 2000 元，则一家三口月消费为 6000 元，如果按 30 年计算一共____元

（六）退休金

退休后假设再活 20 年（男女均以 60 岁退休计）

每个月和老伴用____元过日子，一共____元

总计____万元（不计生病、失业等意外开销）

以上六项共计花费 X 万元

X÷30 年÷12 个月＝_____（以工作 30 年计）

您的家庭每月要能有 M 元的收入，才够一辈子的生活开销。

我国目前上班族平均收入并不高,假设平均一个月月薪为 Y 元,夫妻一起工作赚钱。

Y×2 人×12 月×30 年＝＿＿＿万元,还差 Z 万元

Z÷30÷12＝＿＿＿(每月还差这么多)

怎么办呢?

第一招:不生孩子省＿＿＿万元

第二招:不管父母生计省＿＿＿万元

这样还差＿＿＿万元,每月仍需增加约＿＿＿元的收入

那你准备怎么办?

在原来我们较为保守的理财概念中,银行是一个很好的选择,尤其是银行的储蓄业务,既安全又有利息收入,因此很多人认为只要不乱花钱,将钱存在银行是一个好的理财方式。但是近几年来,利率下调以及通货膨胀使人民币贬值,把钱存在银行已经不一定是一个很好的选择了。在目前的金融体系中,银行储蓄存款已经慢慢退出了个人或家庭理财的首要选择行列。银行在现代金融体系中,更多的是提供服务,例如给没有储蓄存款的年轻人的房屋贷款、购车贷款等服务。对家庭与个人投资理财而言,除了银行储蓄之外,现代金融市场,尤其是互联网金融市场,有着更多更丰富的投资理财产品可供选择。例如,银行理财产品、股票、债券、基金、期货等。通过对广大投资产品的组合投资,不仅可以获得比银行储蓄高得多的收益,而且可以分散风险。因此,如果不懂基本的金融知识且没有一套详细完整的策略的话,就不能成功地使自己的财产保值增值。

二、学习金融的必要性

(一)学好金融,实现财富取之有道

从原始社会用贝壳当作钱,到现代社会的信用卡,金钱在人们生活的各个角落眨着狡黠的眼睛。思想家哈耶克曾言:"金钱是人类发明的最伟大的自由工具。"俗话说:钱不是万能的,可是没有钱却是万万不能的。一方面,在今天的市场经济社会里,还有不少人一切向钱看,无论是劳动、商品还是情感、友谊,都用钱来量化,虽然这并不是我们社会主义社会的主流思想,但现实中却活生生存在着,我们应该看到这种思想的危害性。但另一方面,经济学认为一个理性的经济人,是以自己的利益最大化为目标的,以正常手段追求财富也是每个人的期望,然而天上不会掉下馅饼。如果你没有发横财

的好命,如果你没有富有的祖业,那么你只有好好学习金融,兢兢业业地开始理财。中国的老祖宗早就说过:"君子爱财,取之有道,用之有度。"这个取之有道的"道",就是指金融活动。

(二)家庭金融是家庭生活的一部分

我们每个人的一生都是与钱在打交道,小时候用父母的钱,长大自己赚钱、存钱到花钱,从自己经济独立开始,就面临着理财的挑战。尤其是建立家庭后,每个人都面临着金融问题,每天都要处理不少笔收入和支出。随着近年来社会保障体系的建立与健全,我们正在从单位人向社会人变化,每个人必须为自己的一生进行财务上的预算与策划。如何科学合理地进行家庭金融规划与操作是不可回避的问题,善于理财会使您的生活更加和谐、殷实和富有,更快更早实现党十九大提出的全面建成小康社会的目标。

在日常生活中,其实我们每一个人都是在经营金融活动,我们每一个人不仅要有自信心和责任感;同时也必须经营人生,因此我们需要主动学习,不断思索,努力实践,以不懈的勇气去面对风险、失败与挫折。根据自己家庭的收入情况以及市场行情的走向,设立长远的规划,建立自己的家庭金融解决方案。有自己的理财套路,才可能创造独特的人生财富。

(三)积累资本,为增长财富做好规划

从每个人一生来看,大致可以分为"三个"不同的阶段。

1. 起初当你尚不富有时,最好先强制储蓄积累。虽说"一本可万利",但"本"这个砝码你必须拥有。必要时为了保证基本生活质量,可以申请住房贷款和购车贷款,成为金融活动的融资者。

2. 当你的吃、穿、住、行等基本生活有了保障,资金尚有少量结余时,可选择低风险和稍低收益率的稳健型投资以较快地扩大积累。合理的投资能使我们手中有一定积累,遇好的投资机遇时,才不会因"一贫如洗"而与其失之交臂,从而达到增值致富的目的。

3. 当你有了一定资金积累,可在保证自己基本生活的前提下,做好家庭金融规划,选择一部分高风险又高收益的投资,进行各种不同风险和收益的金融工具的配置,进行资产组合,迅速拥有财富。

当然也有另一种情况,就是你或许会获得一笔遗产,那你也不能坐吃山空,但可以直接进入第三阶段。

　　"家庭金融"并不是有钱人的专利,也没有什么成文的标准和原则,只要手头有暂时不用的资金,都可以用来理财,但重要的是每个人要充分了解自己的情况,包括自己的资产状况、年龄阶段、风险承受能力等。

　　如果到了以上所说的第三阶段初期,资金的积累还不是很多,那家庭金融规划要从每个人不同的年龄阶段来看,采用不同的策略。以下这种方法可以将年龄作为参考指标来投资,其基于风险分散的原理,大体上遵照一个"100减去目前年龄"的经验公式。

　　20～30岁时,年富力强,风险承受能力也是最强的,可以采用积极成长型的投资模式。按照100减去目前年龄的公式,你可以将20%～30%的资金用于低风险的金融工具,以备急用;70%～80%的资金投向高风险的各种金融投资工具,在这部分投资中可以再进行组合。

　　31～50岁时,家庭成员逐渐增多,承担风险的程度相对低一些,投资要相对保守,但仍以让本金快速成长为目标。这期间至少应将资金的50%～70%投在高风险的投资品种上,剩下的30%～50%投在固定收益类投资品种上。

　　51～60岁时,你的孩子已经成年,也是你赚钱的高峰期,但也要注意控制风险,最多将40%的资金投在高风险投资上,其余资金则投在固定收益类投资品种上。

　　到了60岁以上,多数投资者会将大部分资金投在比较安全的固定收益类投资品种上,只将少量的资金投在有风险的品种上,以抵御通货膨胀,保持资金的购买力。

三、家庭金融规划策略

　　在投资方面,要考虑整体经济行情和不同金融工具的具体行情。一直以来,没有哪一种金融投资工具一直优胜于其他的金融投资工具。分散投资能有效地降低投资风险,从而获得更加长期的回报。我们应该根据自己的财务状况、风险承担能力、金融规划的目标去分配金融资产,并且去设计合理的投资组合。风险管理在家庭金融规划中不容忽视,除了投资上的风险外,生活上诸多不测也会对家庭经济造成严重的冲击,比如天灾人祸造成的伤残、死亡等。

　　不同的年龄与阶段在理财目标上也有不同。如毕业后刚经济独立时,一般收入与资产相对较少。这一阶段就要做好理财习惯,尽量在收支上做好控制,多做储蓄投资,而且在未来目标中应考虑添置房产、结婚和发展其他投资。

　　所以按照前面一开始每一个同学自己的计算,你要有多少钱才够收支平衡,若不够,则需要我们进一步全面规划自己家庭的金融活动,包括融资规划、投资管理规划、各种保险规划、退休资金计划等。随着我国税务体系的逐渐健全,税务策划管理和遗产计划也逐渐引起人们的关注。

目前国际上流行的个人金融投资的策略,根据风险从低到高可以分为以下几类:

1. 无风险投资。这类投资的主要目的是达到资产安全和保值,它以牺牲回报率来获取投资的稳定。国债和定期储蓄是基本的投资品种。

2. 保守型投资。这类投资追求较小的市场波动,但同时也希望风险较小,并有一定的投资回报率。在这类投资中,银行保本保收益和保本浮动收益的理财产品占据了投资的主要比率,还有就是保险理财产品。

3. 平衡型投资。这类投资希望获得一定的投资回报率,同时也可以承担一定的市场波动。在这类投资中,以公募基金为主,同时有少量大盘股票以及企业债券。

4. 增长型投资。这类投资希望得到较好的投资回报率,同时也可以承受一定的市场风险。在这类投资中,国内股票占到了较大的比例,也可以参与部分信托计划,以及经有关部门批准的 P2P 理财。

5. 高增长型投资。这类投资以追求高回报率为主要目标,可以承受较高的市场波动,尤其是短期内的市场波动。期货投资、外汇投资、黄金投资、国外股票投资是基本的投资品种。

6. 极高增长型投资。这类投资以追求最高的投资回报率为目标,可以承受很高的市场波动。这类投资主要有私募股权投资、众筹等。

而根据投资者的个性、理财方式、理财工具、风险容忍度、投资目标和投资组合管理,将投资者分为三种主要类型:保守谨慎型、理智稳健型和投机冒险型,如表 1-1 所示。

表 1-1　三类主要投资者对比

类型	保守谨慎型	理智稳健型	投机冒险型
个性	谨慎	稳健	冒险
理财方式	保守	理智	投机
理财工具	银行存款、国债、银行理财产品、保险理财产品	公募基金、企业债券、股票、P2P、信托	期货、外汇、黄金、期权、国外股票投资、私募股权、众筹
风险容忍度	较低	适中	较高
投资目标	稳健保本	稳健成长	积极成长
投资组合管理	无风险和保守型	平衡型和增长型	高和极高增长型

随着我国经济的发展以及改革开放的日益深入,人们的生活发生着日新月异的变化,过去养老等生活保障由国家承担,渐渐转为需要由我们自己规划,包括家庭金融规划与退休养老规划等。合理有效的计划可以使我们的资金安排得更好,使自己的生活更加平稳富有。

四、金融投资工具的主要品种

随着金融业制度的不断完善和改进,金融投资工具的品种越来越多。你可以针对自身的情况,根据上面讲到的一些家庭金融策略,选取一些适合的金融投资工具进行组合,实现自己的金融计划,创造自己的理财方式与组合。从目前我国的金融活动来看,主要有以下一些金融投资工具。

（一）安全保险：银行储蓄

对于日常家庭而言,银行储蓄具有存取自由、较为安全且收益稳定的特性,但是收益不高。根据每个人不同的需求,我们该如何选择适合自己的银行储蓄产品呢?

1. 日常生活费用,需随存随取的,可选择活期储蓄。活期储蓄存取方便,可以用于生活中的突发事件,较为方便,但是利息很低,年利率仅 0.35%（最近几年在下调中）。所以应尽量减少活期存款,够日常支出就行。

2. 如果您有一笔资金近期准备使用,但不能确定具体使用日期,您可选择定活两便储蓄。

3. 如果您有一笔积蓄,在比较长时间里不会动用,您可以根据时间长短选择不同年限的整存整取定期储蓄,这样能获得相对较高的利息。

4. 工薪阶层往往希望在平时有计划地将小额结余汇聚成一笔较大的款项,以完成初步积累,而零存整取定期储蓄可以"提醒"您每月存款,帮助您积零成整。

5. 如果您有一笔一万元以上的大额款项,并希望在不动用本金的前提下,每月按期获取利息用于日常开销,那么存本取息定期储蓄比较好,其有三年期与五年期两档存期供选择。

（二）不带现金的：信用卡消费和第三方支付

目前我国银行的银行卡有借记卡和贷记卡两种,2014 年其发行量共计已达到 34 亿张。但是真正意义上的贷记卡不过 4 亿张。借记卡（也就是储蓄卡）先存后用,不可透支,不收年费。贷记卡（也就是信用卡）可以在规定的信用限额内先消费后还款。信用卡根据不同透支额度,收取 20 到 100 元不等的年费。各家银行为了吸引客户"八仙过海",各显其能,不惜工本,不断开发功能比较齐全的银行卡,可以存款、取款、消费、代发工资,代发养老金,代扣水、电、煤气、电话、手机、保险费、养路费、看病配药等各种费用,为您的生活带来了极大的方便。刷卡消费时要注意是否打折,这可为您节约一些开支。但是,最近互联网机构通过大规模的金融创新,开发了更便捷、更适用、更便宜的第三方支付,如支付宝、财通宝等,这些产品正在迅速扩充和占领金融领域。

不论用第三方支付,还是用信用卡,都要特别注意以下几点:①里面不要存大额现金;②密码要切记,且不能太简单(如几个 8),或身份证中的连续几位;③个人信息和ATM 存取款凭条一定要保管好。现阶段的犯罪分子作案手段比较高明,"克隆"支付工具的案件时有发生。但相比之下用这些还是比携带现金更安全。

(三)着眼长远:理财产品

理财产品分为银行理财产品和保险理财产品。

银行理财产品,是商业银行在对潜在目标客户群分析研究的基础上,针对特定目标客户群开发设计并销售的资金投资和管理计划。在这类理财产品中,银行只是接受客户的授权管理资金,投资收益与风险由客户或客户与银行按照约定方式共同承担。根据风险和收益的不同分为保证收益理财产品、保本浮动收益理财产品、非保证收益的理财产品(发行机构不承诺理财产品一定会取得正收益,有可能收益为零,不保本的产品甚至有可能收益为负)。

保险理财产品是随着社会的进步以及生活水平的提高,人们更加注意风险的防范而诞生的。这种理财产品具有保值和防止意外风险的双重功能,越来越受到人们的青睐。随着保险品种的不断完备,供人们选择的余地逐步增加,因而保险也能成为一种不错的家庭理财途径。目前的投资类保险主要有三种:投连险、分红险、万能险。保险公司将保费分为保障和投资两部分。投连险一般不保证投资者的收益率,投资者在享受回报的同时,也承担投资风险。分红险有较低的固定保底预定利率,同时投资者按照保险合同的约定,还拥有取得公司实际经营红利分配的权利。万能险也具有较低的保证利率,其优势在于交费灵活,可定期、不定期,还可调整保障部分的保险金额。投资类保险流动性一般,如果办理退保,手续相当麻烦。

(四)稳健投资:债券投资

相对于股市的高波动和银行的低利息,债券成为一种较为理想的理财方式。目前居民个人可以投资的债券主要是国债和企业债。

1. 国债

国债是以政府信誉为保证的一种金融工具，具有信誉好、风险低、收益相对高等优点，被誉为"金边债券"，深受各类投资者青睐。国债中有一部分又有在二级市场上市交易的新特点，克服了其流动性差的缺点。国债利率虽然随银行利率的升降而涨落，但一般总要高于存款利率，同时免征利息所得税，因此家庭可把一定的资金投在国债上。国债的投资策略可以分为消极的和积极的两种。消极的投资态度是指在合适的价位买入国债后，一直持有至到期才兑换，其间不做买卖操作。这个策略对于以稳健保值为目的，又不太熟悉国债交易的投资者来说，较为稳妥。积极的投资态度是指对于那些熟悉市场、希望获取较大收益的人来说，根据市场利率及其他因素的变化，自己判断国债价格走势，低价买进、高价卖出，赚取买卖差价。积极的投资策略成功的关键是对市场利率走势的合理判断。

2. 企业债

投资者还可以货比三家购买企业债。有些企业债也属于免征利息税的投资品种，而且利率要比同期国债利率高出一两个百分点。大家可以选资信度在 AA 级以上，有大集团、大公司或者银行作担保，知名度较高，最好还能上市或者已经上市的品种作为自己投资组合的品种。但比起国债来，它只是以企业信誉为担保，风险要大得多。

（五）起伏不定：股票投资

截至 2016 年底，中国证券业协会对证券公司 2016 年经营数据进行了统计，129 家证券公司总资产为 5.79 万亿元，托管证券市值 33.77 万亿元。虽然我国的证券业发展仅仅只有短短的 20 多年，但股票指数却上涨了 30 多倍，股市发展之快举世瞩目。但是，我国股市的不规范现象也还是存在的。上市公司的"圈钱"运动，上市公司的做假手段，令所有的股民防不胜防。《证券法》虽已颁布实施，但股票交易真正走上法制化、规范化的轨道还需要有一个过程。老百姓处于信息不对称的不利地位，所以投资股市一定要谨慎，如果把握不好，会亏得很惨。正如大家所说，股市既存在着获利的机遇，也存在着较大的风险。因此，投到股市的钱必须是输得起的钱，而且千万不能借钱炒股，但总的比较起来，股票投资风险大，收益也大。

（六）不同品种、不同风险：基金

基金是这样一种投资方式：它将零散的资金巧妙地汇集起来，交给专业机构和专业人士投资于各种金融工具，以谋取资产的增值。一般公募基金对投资的最低限额要求不高，投资者可以根据自己的经济能力决定购买数量，甚至有些基金不限制投资额度,完全按份额计算收益的分配。这样,基金就可以最广泛地吸收社会闲散资金,积少成多,汇聚成规模巨大的投资资金。投资股票时,资本越雄厚,优势越明显,而且可能享有大额投资在降低成本上的相对优势,从而获得规模效益的好处。

投资基金不宜追求短期的收益,频繁的短线进出会白白损失手续费。投资者最好事先做好中长期投资的规划,选好基金的品种、投向、业绩等,并掌握以下几点:①尽量不要借钱投资基金,若遇漫漫熊市,将为利息负担和套牢所累;②投资多元化,切忌把鸡蛋放在一个篮里,您可以考虑根据不同品种基金的投资特点,分散投资于多个基金;③做好长期投资准备,这样您就可以让资本有时间增值,也可以克服短期的波动,同时也需要根据具体情况更新自己的投资决定;④不要进行过度频繁的短线操作。

(七)保值抗通胀:黄金投资

2002年10月30日,上海外滩金融一条街的上海黄金交易所正式开业,标志着中国黄金市场正式走向开放,但其主要为单位服务。这"养在深闺人不识"的投资渠道,已经越来越受到投资者的重视。黄金相对于一般货币来说,不会因通货膨胀而贬值,因而具有独特的保值功能。黄金是一种重要的对抗通货膨胀的投资工具。黄金投资可分为实物黄金和纸黄金两种。

实物黄金投资要注重趋势分析,也要结合国际国内的形势,因势因时制宜;还要分析黄金价格特有的规律,再决定买卖,这是投资成功与否的一个先决条件。同时也要考虑品种的选择。实物黄金投资的品种有:①金条和金块;②纯金币;③金银纪念币;④金银饰品。纸黄金的主要形式为黄金存折。

投资黄金切忌盲目跟风,因为其没有利息收入。

(八)投资新宠:信托品种

随着我国社会财富的不断增长及产权制度的日益多元化,信托以其投资领域的多元化及信托制度的特殊性成为财产和资产管理最恰当的投资工具。信托可以接受各种以实业投资为方向的专业资金信托,管理产业基金或创业基金,还可以积极参与基础建设和政府重点建设。信托的主要过程是制订信托计划,通过发行信托收益凭证,提供各种形式的项目融资。在资本市场中,信托在改善股权结构、职工持股、期权设计、股份化改造中都具有相当优势。另外,信托财产具有独立的法律地位,从而把不良资产与债权债务人的其他利益区分开,因此规避了信托财产的风险。信托投资公司具有融资服务的功能,它不仅可以募集债权投资性资金,而且可以募集股权投资资金;不仅可以为上市公司提供服务,而且可以为各种非上市企业提供融投资服务。因此,信托投资公司是产业资本和金融资本融合的理想结合点。

到 2017 年底，信托业资产管理规模已经突破 20 万亿元，超越保险业资产规模，成为仅次于银行的第二大金融服务行业。而在 2007 年年底，信托业资产管理规模尚不足 1 万亿元。据用益信托数据，信托业年化平均回报率远高于同期银行、国债回报率，有几年也高于股票市场的收益率。信托业在规模快速膨胀的背后，也存在高风险的隐忧。在刚刚过去的几年，从吉林信托、华澳信托到中诚信托、中融信托，信托兑付风险渐次暴露。

（九）不同货币买卖：外汇投资

外汇投资又称"炒外汇"，是指投资者根据汇率之间的变动，用一种货币兑换成另一种货币，从而获得买卖差价的收益。目前比较大的银行都开办了外汇交易业务。大多数投资者认为炒外汇的风险比做股票低，收益也不如股票来的高。不少人都认同炒外汇有这样一个回报率，即做得好的投资者，年回报率在 15％ 左右，当然风险也不小。炒外汇这种理财方式，在流动性、方便性上都很好，各银行都不设最低开户金额限制。但外汇投资对投资者有比较高的要求，除了必须掌握最基本的外汇知识外，还要学习一定的技术技巧，更重要的是要时刻关注主要币种国家的各种政治经济和金融方面的信息以及相应的经济数据，当然经验积累有助于我们更轻松获益。

（十）以小见大：期货，期权投资

期货，通常指期货合约。期货交易不是交易货物，而是交易期货合约，它是由期货交易所统一制定的、规定在将来某一特定的时间和地点交割一定数量标的物的标准化合约。在这个合约里，除了价格是变化的，其他都是约定好的；这个标的物，可以是某种商品，也可以是某个金融工具，还可以是某个金融指标。它可以买多，也可以卖空。期货合约的买方，如果将合约持有到期，那么他必须买入期货合约对应的标的物；而期货合约的卖方，如果将合约持有到期，那么他有义务卖出期货合约对应的标的物，但一般的期货合约的交易者都选择在合约到期前进行反向买卖来冲销这种义务。广义的期货概念还包括了交易所交易的期权合约，它最大的特点是可以放大，一般我国目前的商品期货交易的保证金在 5％～10％，也就是放大 10～20 倍。金融期货保证金在 2％～4％，也就是放大了 25～50 倍。期货交易做对了能获得高收益，做错了则血本无归。真所谓水能载舟，亦能覆舟啊！

其他的投资品种还有房地产投资、实业投资、艺术品投资等。

在了解金融投资工具与投资策略的基础上，我们得学会就不同的投资目标、投资期限和风险承受能力,选择不同的投资策略,进行投资组合。所以,每一个人都要学好金融的基本知识。

金融是我们一生中一门不可或缺的学问,是一门保值和积累财富的艺术,值得我们每个人去学习、思考及实践。对于我们个人而言,人生就是自己最重要的企业,人生的价值无非就是体现在知识、地位、拥有的财富等上。

当然,我们不能为赚钱而赚钱,要有一个正确的心态。法国启蒙思想家卢梭说得好:"人,是生而自由的,却无时不在枷锁之中,那些想成为一切主人的人,却往往沦为奴隶。"人和金钱的关系似乎也是如此,是人发明了货币,原本是钱的主人,可到头来,人却沦为金钱的奴隶。在物质文明和消费文化高度发展的当代社会,人不能因钱而迷失了自己的本性。

铜板是中国古代金钱的象征,所以下面这句话与大家共勉:为人处事,取象于钱,外圆内方,不断向前。总之,人一定要有自己的原则。

第二讲　什么是互联网大金融

在"学生不必一定要有相关金融理论知识作铺垫,以实际操作与体验为主"的指导思想下,本书打破学科专业壁垒,面向广大学生开设金融体验式课程,模拟金融机构的业务,将金融实体机构搬进课堂,让学生扮演银行、证券公司、期货公司、基金公司等金融机构的工作人员,实现与其他学生扮演的普通投资者的有效互动。

同时,课程选取模拟债券、理财产品、保险、货币基金、购房购车贷款、信用卡办理、股票、债券、期货、基金、外汇、期权、房地产等十多种投融资工具,供学生在实际操作中体验资金融通和资产增值,使学生从更宽的视角构建知识能力体系,在更广的空间中运用所学知识。

学生在该课程的学习中,角色变"被动"为"主动",变"上课"为"上班",变"测评"为"晋升",体现了该课程普适性、创新性、趣味性的特点。在中国经济新常态背景下,该课程符合经管类背景院校的人才培养目标,能提高学生创业创新能力和就业竞争力。

一、互联网大金融背景下金融的概念(金融即资金融通)

(一)金融

曹龙骐教授于 2016 年在高等教育出版社出版的《金融学》第五版中指出,金融包括三个方面的内容:一是金融是以融资活动为主体的;二是融资的规模和工具等随着融资活动的发展变化不断地由单一向多元、简单到复杂推进;三是金融从不同的角度可以有不同的定义。狭义的金融是指货币资金的融通,而广义的金融不仅涉及货币、信用以及与此有关的所有交易行为的集合,而且涉及货币供给、银行与非银行信用、以证券交易为操作特征的投资、商业保险以及以类似形式运作的所有交易行为的集合。

我们认为"金融"简单讲就是资金的融通及有关的活动。本书下面将从"资金"和"融通"两个方面来阐述互联网大金融背景下的"金融"。"资金"是资产的金额,一定货币量的资产就叫作资金。资产越大,财富与权力就更大,这里的权力可以理解为"索取权",如"债权"等。"融通"是指资产在金融市场中通过流通转换等方式进行的一种财富与权力的交换,这就是金融市场的运行,由此形成了一个金融体系。

（二）我国金融体系

我国金融体系是以中央银行为领导、商业银行为主体、非银行金融机构为补充、多种金融机构并存、金融市场逐步发展的新型金融机构体系(见图 A-2-1)。我国目前已经建立了与社会主义市场经济体制相适应的金融体制和金融运行机制。在一国的金融体系中,金融机构提供金融产品,这些产品经过交换成为金融商品,金融商品的交换场所被称为金融市场。由于金融商品价格的波动性,它成为投资者谋利的工具,因此又被称为金融工具。

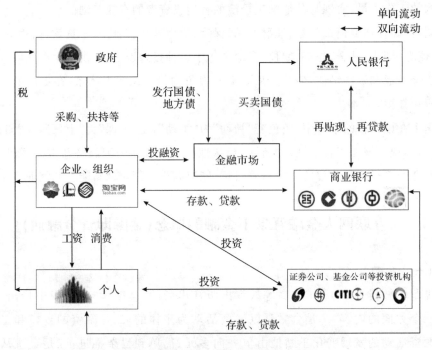

图 A-2-1　中国金融体系

金融市场是金融工具交易和资金融通的场所。它既可以是一个有形的市场,也可以是一个无形的市场(如中国的"新三板"、美国的纳斯达克(Nasdaq)市场等)。金融市场由金融机构和投融资者组成。政府、企业和家庭是金融市场中投融资的主体。

（三）抽象化的金融市场

简单讲就是政府、企业和家庭这三个主体在金融市场中通过直接或间接的方式进行货币资金的融通。所以我国金融市场由一类特殊的机构、两个方面、三个主体组成。

如果我们把上面这张复杂的图进行更简单明确的归纳,使其抽象化,可以得到图A-2-2。

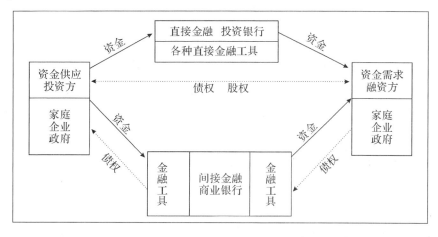

图 A-2-2　金融市场

1. 一类特殊机构——金融机构

金融机构是金融市场中资金融通的组织者。它们和其他企业一样以追求利润最大化作为自己的经营目标,但与一般企业不同的是,它们必须接受金融监管当局(在我国是一行二会)的监管。政府和监管机构在金融体系中发挥"宏观调控"和"金融监管"的作用。宏观调控主要为了实现四大目标:第一,促进经济增长;第二,增加就业;第三,稳定物价;第四,保持国际收支平衡。金融监管的目的是促进金融机构依法稳健经营,实现可持续发展。

金融机构按其功能可以分为货币当局、金融监管机构、商业银行、政策性银行、非银行金融机构和外资金融机构。

货币当局是指中央银行,即中国人民银行。中国人民银行的主要职责是履行宏观调控职能,更好地执行货币政策。其主要业务包括再贴现和再贷款、买卖国债等。

金融监管机构包括银保监会、证监会,与中国人民银行组成"一行二会"。银保监会、证监会分别监管银行保险、证券机构。

商业银行包括五个大型商业银行,即中农工建交,还包括股份制商业银行、城市商业银行、农村商业银行、邮政储蓄银行等。五大商业银行的资产负债规模和中间业务占我国商业银行业务总量的50%以上。

政策性银行是为贯彻、配合国家特定经济和社会发展政策而提供资金融通的银行。1994年,我国组建了国家开发银行、中国农业发展银行和中国进出口银行三家政策性银行,目的在于实现政策性金融与商业性金融分离。

非银行金融机构包括保险公司、证券机构、投资基金机构、信托公司、农信社、金融资产管理公司、金融租赁公司等。这些机构通过提供保险、发行股票和债券、接受信用委托等方式筹集资金,并且将所筹集到的资金用于长期投资。

外资金融机构包括外资、侨资、中外合资的银行、财务公司、保险机构等在我国境内设立的分支机构及驻华代表处。外资金融机构通过贷款、间接投资或直接投资等方式向我国境内企业提供资金,促进了我国经济的发展。

2. 两个方面——买入者和卖出者

买入者和卖出者,即投资者和融资者。付出货币或资金买入金融工具的是投资者;反之,卖出金融工具得到货币和资金的是融资者。

3. 三个主体——政府、企业、个人

政府、企业、个人是金融市场的主体。

(1)政府。政府是金融市场的调控者和监管者,同时它也以市场手段调控经济,所以也是金融市场中金融工具的买入者和卖出者。为了更好地监管金融市场,中国政府还设立了"一行二会"进行分业管理,具体由中国人民银行制定和执行货币政策,银保监会、证监会分别监管银行保险、证券机构。

(2)企业。企业毫无例外的是经济活动的中心,它们有着最大的融资需求,因而也是金融市场运行的基础。企业因从事商品生产和流通而和金融市场紧密联系在一起。企业生产经营过程中发生的资金短缺通过金融市场进行融通,而金融市场的主要资金来源也是企业。企业和金融市场密不可分。专门研究企业金融的课程叫"公司金融"。

(3)个人(或家庭)。家庭金融是金融市场中最基本也是最普遍的金融。和企业金融一样,个人(或家庭)金融是独立的金融单位,由个人或家庭组成,单体的体量较小。个人(或家庭)金融分析个人(或家庭)如何使用金融工具(如股票、债权、基金等)来达到金融资产增值或保值的目的。专门研究个人(或家庭)金融的课程叫"个人(或家庭)理财"。

金融市场的构成十分复杂,它是由许多不同的市场组成的一个庞大体系。如果把图 A-2-2 横过来看,可以根据交易方式的不同分为直接和间接融资方式,它们都是通过金融工具的交换来实现的,形成了债权或股权关系。股权融资大部分采用直接融资。直接融资是指不经过任何金融中介机构的融资方式,或经过金融机构但金融机构不承担风险,其任务就是进行信息匹配并收取中介费。在直接融资中,资金短缺一方(融资方)直接与资金盈余一方(投资方)协商解决所需资金,通过有价证券及合资等方式进行资金融通,如发行企业债券、股票、收购兼并、企业内部融资等。间接融资是指以金融机构为媒介进行的融资活动,金融机构要承担融资的风险。

以交易的金融工具的期限来区分,金融市场可以分为货币市场和资本市场两大类。货币市场是融通短期资金的市场,资本市场是融通长期资金的市场。货币市场和资本市场又可以进一步分为若干不同的子市场。货币市场包括金融同业拆借市场、回购协议市场、商业票据市场、银行承兑汇票市场、短期政府债券市场、大额可转让存单市场等;资本市场包括中长期信贷市场和证券市场等。中长期信贷市场是金融机构与工商企业之间的贷款市场;证券市场是通过证券的发行与交易进行融资的市场,包括债券市场、股票市场、基金市场等。

如图 A-2-3 所示为我国金融机构的组成。

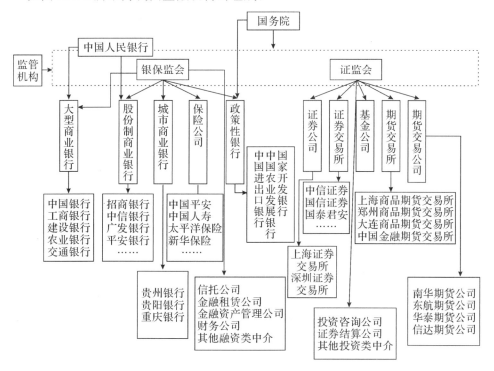

图 A-2-3　我国金融机构组成

二、换一个角度:以互联网思维来分析金融

马克思认为生产关系和生产力是相互作用来推动经济发展的,从经济发展的历史看,生产力从第一代以蒸汽机为代表的机械化时代,发展到第二代以电力广泛应用为代表的电气化时代,再发展到第三代以计算机为代表的自动化时代,到目前已经是以

互联网为代表的万物互联人工智能时代。生产力是征服自然的能力,各个国家都是可以比较快地引进和仿制的。但是,这些先进生产力,在每个国家的具体应用和发展是不完全同步的,甚至有很大差异,导致各国经济的发展也存在很大的不同。中国经济30多年来,GDP平均达百分之九的增长率,成为世界奇迹,最主要原因之一是生产力要素和生产关系与其他国家的禀赋有所不同。互联网金融的迅速发展也是如此。

金融是经济的核心。随着互联网技术的快速发展和应用,互联网金融已成为金融领域的重要发展方向之一,且具有十分旺盛的生命力。互联网不仅仅是一种技术,而且还可以是一种思维——互联网思维。互联网的发展势必对经济运行的模式产生深远的影响。目前我国政府提出"互联网+"的概念,我国金融也正在从传统金融向创新型金融、普惠金融、直接金融等方面转化,这种趋势和互联网这种创新性的生产力发展相吻合。所以,中国虽然不是互联网金融的诞生地,但目前却成了世界上互联网金融发展最快、应用面最广、品种最多的国家之一。

首先,我们认为有必要重新确立金融的研究角度。我们应当运用互联网思维来分析金融的发展。互联网思维的核心是用户思维,也就是把用户的需求放在首位。这一理念对于传统金融来说是一个颠覆性的转变。因为在传统金融里面,包括金融理论、金融教学以及在我国传统金融运行的模式里面,金融中介机构是中心。金融中介机构本身也一直认为自己具有国企的背景,要由它来制定规则,它可以说了算。比如简单的客户取款业务,少给了客户,银行可以说离柜概不负责;多给了客户,就必须归还,否则就是侵吞国有资产。银行都是"嫌贫爱富"的,它从来只做锦上添花,绝不做雪中送炭的事,基于风险的考虑促使它只想为富人服务。从发放的企业贷款看,主要的授信对象是国有企业、大型企业,而占企业总数95%的中小企业,虽然最需要资金支持,但却往往得不到贷款;从个人业务来看,金融中介机构建立VIP业务、私人银行业务,成立财富管理部等,主要也是吸引具有高收入、高资产的优质客户,而不太愿意推出像余额宝那样适合大众投资的金融产品。互联网的发展是用户思维,它以客户需求为己任,这是完全符合市场经济发展的必然规律的,是实现普惠金融的最好途径。比如支付宝、余额宝等就是最好的证明。它小额、随时收付、收益率高的特点完全符合了大多数家庭尤其是青年一代的财富心理。从发展的眼光看,谁拥有青年一代,谁就掌握了未来。互联网金融发展的成功,代表了金融创新发展的方向。所以,我们应该以互联网思维来改造传统金融思维。

其次,我们认为有必要转换一般金融教材的角度和出发点,建立围绕金融活动的用户需求的全新金融思维。用户思维不仅是本书的写作基本点,也是我们2017年在高等教育出版社出版的"应用型高校金融系列教材"的写作基本出发点。我们从投资者的角度写了《金融投资工具比较与研究》,从融资者的角度写了《企业融资模式和策略》。我们认为金融市场的主体应该是金融市场的用户,即投资者和融资者,而传统金融一直是以金融中介为中心的。我们应该树立互联网背景下的大金融概念,大金融市场是由投资者、融资者和金融活动服务的机构(即金融中介机构)组成的(见图 A-2-2)。金融中介机构只是一个服务性机构,它必须为金融市场活动的主体——投资者和融资者服务,所以我们应该从投资者和融资者的角度来看待和分析金融(见图 A-2-4)。

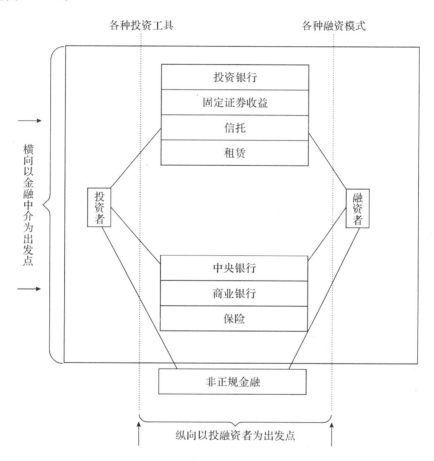

图 A-2-4　不同角度来分析金融

三、扩一些眼界：以更大的范围研究大金融

"大金融"理论框架如图 A-2-5 所示。

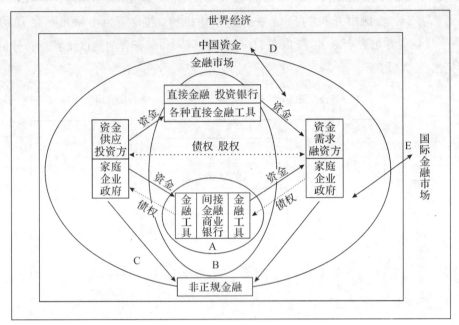

图 A-2-5 "大金融"理论框架

下面我们以图 A-2-5 中 A、B、C、D、E 的不同范围来表述。

（一）传统的金融市场（A）

传统金融市场又称"间接金融市场"，是指通过银行开展投资融资等简单的借贷活动。银行用吸收的存款资金向企业和个人发放贷款就是一种间接金融活动。间接金融是通过银行等金融中介机构开展资金融通活动，实现资金盈余者和资金短缺者之间的余缺调剂。但是，银行等间接金融量在美国金融市场中占金融资产总量的比例不到三分之一，西方发达国家都大致如此。而我国占三分之二，所以加快直接金融的发展不仅是我国金融改革的首要任务，也是衡量一个国家金融深化程度的主要标志之一。

（二）直接金融的加入（B）

直接金融是指由资金供求双方直接进行融资。直接融资可以是股权融资，也可以是债权融资。直接金融的优势在于降低了投融资的成本，拓宽了投融资渠道，但同时

也将风险转移到了投融资者身上，可以防止在出现信用过度集中时形成的金融风险。

（三）"大金融"理念的提出（C）

大金融是把金融市场作为一个统一整体（C），而不应单单考虑金融中介。如果把金融作为一个整体看（C的范围），那么这个金融市场的主体就是金融市场的用户，即投资者和融资者；金融中介行业只是一个服务性行业，金融中介机构是服务于投资者和融资者的，金融市场也是为投融资者服务的。互联网思维的"用户第一"理念，使互联网金融在短短的几年内迅速发展。同时，我国目前进行资金融通的市场除了B还有另外一些形式，我们把它称为非正规金融。如图 A-2-6 所示。

非正规金融		
互联网金融	民间金融	非法金融
P2P 众筹 第三方支付 ……	民间借贷 小额贷款 典当 ……	金融传销 金融诈骗 ……
按2015年中国人民银行等十部委文件正在逐步规范	各地政府金融管理办公室管理	严厉打击
符合金融法规	符合国家法律	不符合国家法律

图 A-2-6 非正规金融

非正规金融一般分为以下三大类：

第一类是互联网金融（具体可参阅陈中放主编的、由高等教育出版社于 2017 年出版的《互联网金融》）。这一类金融在我国发展十分迅速，依托互联网、大数据技术的发展，短短的几年已经深深影响了人们尤其是年轻一代的金融观念。2010—2015 年是互联网金融自由发展的野蛮生长期，直到 2015 年中国人民银行等十部委联合发布《关于促进互联网金融健康发展的指导意见》后，才逐步纳入正规的金融监管系统，其目前还在规范中。

第二类是民间金融，其不在国家正规金融监管范围内，不受金融法规管辖，但符合目前我国的民法、商法，比如民间借贷、典当、小贷公司等。这类金融活动由于近几年发展比较快，因此各地政府专门成立各级政府的金融办公室来负责管理。

第三类是非法金融，其既不符合金融法规，也不符合国家其他法律法规，属于非法的金融活动，比如非法集资、金融传销、金融诈骗等，又被称为黑色金融。政府对于这一类非法金融活动的打击力度正在逐步加强。

（四）反哺实体经济的金融市场（D）

一般经济学上把经济分成两个大部门，即金融部门和实体经济部门。金融市场依赖于实体经济，实体经济为金融市场的发展提供物质基础。金融市场永远离不开实体经济，缺失了实体经济的金融市场实际上就是一个泡沫，总有一天会崩溃。

当金融市场达到一定程度便可以反哺实体经济，金融对实体经济的支持是多维度的，不应只将眼光局限于融资服务。金融最基本、最原初的功能就是提供资金融通服务，但这并不是金融服务的全部内容。实体经济要有效运转，除了需要资金周转外，还需要便利的交易方式、有效的风险管理手段、准确的资金成本信号以及健全的公司治理机制等。在这些方面，金融都可以提供有力支持。正是基于实体经济的这些需求，金融形成了四大基本功能：融资中介、支付清算、信息咨询和风险管理。金融为实体经济而生，金融的功能也是围绕实体经济的有效运行而不断衍生的，金融发展的过程就是不断改进和提升服务实体经济能力的过程。当前，随着金融市场的发展，金融服务的功能不断拓展，服务的重心也在发生变化。如果片面强调金融提供资金的功能而忽视其他功能，就容易将金融服务实体经济简单化为满足企业的资金需求。如果仅仅将金融服务的视野局限于资金支持，既不利于全面评价金融服务的效率，也不利于金融本身的创新发展。

（五）走向国际的金融市场（E）

金融资本全球化是个必然的大趋势。金融市场国际化进程的加快，将降低新兴市场获得资金的成本，改善市场的流动性和市场效率，扩大市场规模。金融市场国际化主要体现在投资国际化和离岸金融市场。伴随着金融管制的取消或放松以及国内金融市场向国际投资者的开放，本国的居民和非居民享受同等的金融市场准入和经营许可待遇；离岸金融市场，与国内金融市场（即在岸市场）相比，是直接面向境外投资者的国际金融交易，几乎与市场所在国的国内经济无关。目前，中国已经成为世界第二大经济体，从 2015 年 10 月起人民币已经进入特别提款权（Special Drawing Right，SDR），表明人民币的国际化进程又迈出了一大步。我国的"一路一带"倡议也会极大地促使我国金融市场国际化。

二、资金融通中的资金

（一）概念

资金是资产价值的金额（一定货币量的资产）。资金可以用货币来表现,是资产在流通和交换中价值的一种货币表现。那么什么是资产?资产是指有价值的东西,包括实物资产和金融资产。实物资产一般指有形且有价值的物体,如土地、房产、黄金、艺术品、珠宝等。金融资产是对应于实物资产而言的,包括货币、存款、债券、金融衍生工具、贷款、股票和其他权益证明、保险专门准备金、其他应收/应付账款等。金融资产与实物资产都是持有者的财富。随着经济的发展和人们收入的增加,经济主体持有金融资产的比重会逐步提高。同时,为了既获得较高收益又尽量避免风险,人们对金融资产的选择和对各种金融资产间的组合也会越来越重视。

金融资产和实物资产都可以以货币来表现其价值,但资产本身大部分不是货币。以前的金融学主要研究货币或银行,显然是跟不上金融业发展的步伐的。下面我们从人类历史的发展来分析一下,资金在不同阶段表现出的不同形态,而且其随着人类的进步、经济的发展也在不断地变化其形态,以适应生产力和生产关系的进步。

（二）从历史的发展看资金形态的变异

在不同的历史阶段,资金形态的不同对货币的放大作用是不同的。资金形态大致可以分为下面五个阶段。

货币展览馆

1. 实物货币

在世界商品发展的历史上,牲畜(牛、羊和狗等)、贝壳、动物的牙齿以及兽角、毛皮、盐巴、特殊的石块,曾经都先后充当过这种"中间人"即货币的角色,最后由金属尤其是金银来充当。马克思说:"金银天然不是货币,但货币天然是金银。"这是由金银的自然属性决定的,金银具有体积小、价值大,容易分割、质地均匀、久藏不坏等优点。

由于实物货币是从物物交换中分离出来固定地充当一般等价物的商品,因此其价值与普通商品价值相等,即 $1=1$。对货币的放大作用是货币的 0 次方,即 $10^0=1$。

2. 代用货币

代用货币是商品交换发展到一定阶段的产物。代用货币产生的原因在于,货币只是作为交换的媒介、手段,而不是交换的目的。对于交易者来说,他们关心的并不是货币本身有无价值,而是它能否起媒介作用。正如马克思所说:"货币处在流通领域中,只是转瞬即逝的要素。它马上又会被别的商品代替。因此,在货币不断转手的过程中,单有货币的象征存在就够了。"这就产生了由价值符号或代用货币代替真实货币的可能性。

这一货币发展阶段出现了通货膨胀理论:代用货币其自身价值比较小,所以有权者为了满足需要,可以多发,代用货币的滥发使市场出现了通货膨胀现象。尤其在 20 世纪以后,各国政府面对经济发展和战争的迫切需求,都不按照黄金的储备来发行纸币。越来越多地发行纸币,造成很多国家通货膨胀。为了解决这一问题,第二次世界大战后,世界银行召集部分国家,形成了"布雷顿森林体系"并确立美元与黄金挂钩。各国确认 1944 年 1 月美国规定的 35 美元一盎司的黄金官价,每一美元的含金量为 0.888671 克黄金,各个国家可以按此向美国进行货币兑换,但是到了 1971 年,仅仅经过了 20 多年,由于金银采掘量有一定的限制,制约了货币发行量,货币数量的增加赶不上流通对货币需要量的增长。同时由于美元的超额发放,美元迅速贬值,"布雷顿森林体系"迅速瓦解,1 盎司黄金从最初的 35 美元翻到 2017 年的 1300 美元左右,涨了30 多倍。为了和以后的论述匹配,我们还是以十的几何级数来论述。

代用货币对货币的放大作用是货币的 1 次方,即 $10^1 = 10$。但同时风险也放大了10 倍。

3. 信用货币

信用货币是由国家法律规定的,强制流通且不以任何贵金属为基础的独立发挥货币职能的货币。信用货币是随着资本主义商品经济的发展而产生和发展起来的。目前世界各国发行的货币,基本都属于信用货币。信用货币是由银行提供的信用流通工具,其本身价值远远低于其货币价值。

20 世纪 70 年代初,"布雷顿森林体系"瓦解,使得货币完全与贵金属脱钩,货币从可兑换的代用货币转换成不兑现的信用货币。信用货币由一国政府或金融管理当局发行,其发行量要求控制在经济发展的需要之内。从理论上说,信用货币作为一般的交换媒介须有两个条件:货币发行的立法保障和人们对此货币抱有信心。

信用货币具有创造增量货币的功能。信用货币的这种功能,就是货币供给乘数原理,用公式表示为:货币供给乘数=1÷法定准备率。

信用创造是货币供给理论的基础。假设法定存款准备金率是 12.5%,那货币供给量就是 1÷0.125=8(可以参考曹龙骐《金融学》第五版第十章)。这样,通过国家的信用体系,又把货币放大了近十倍,信用货币对实物货币的放大作用是货币的 2 次方,即 $10^2 = 100$。但同时风险也放大了上百倍。

4. 虚拟资本

虚拟资本是独立于现实的资本运动之外、以有价证券的形式存在、能给持有者按期带来一定收入的资本,如股票、债券、不动产抵押单等。虚拟资本是随着股份制的出现而产生的,它在资金融通的基础上成长,并成为资金融通的一个特殊的投资领域。

有价证券可以在证券市场上进行买卖。它们的价格是按照利息资本化的原则决定的。例如,股票的价格就是由股息的多少和与银行利息率相比的高低来决定的。如股票面额为 10 元,年股息率为 10％,每年可得股息 1 元,银行年平均利息率为 5％,那么,这张面额为 10 元的股票就可以卖 20 元(1 元÷5％＝20 元)。

由此可见,股票价格与股息的多少成正比,与银行利息率的高低成反比。此外,股票的价格还受到股票供求状况的影响,因而它还会随着产业周期的变动而变动。

虚拟资本市场的价值有独特的运动形式:它的市场价值与收益的多少成正比,与利率的高低成反比;其价格波动,既决定于有价证券的供求,也决定于货币的供求。

中国证券市场是企业单方面融资的主要场所。上证指数 3200 点左右,二级市场平均股价在 13 元左右,按公司法规定原始股 1 股等于 1 元人民币。这样就有了 13 倍的扩张,企业通过上市融资,市值得到了几十倍甚至有个别的有上百倍的提高。股份制的产生,形成了虚拟资本,又一次放大了货币的作用,为实物货币的 3 次方,即 $10^3＝1000$。

5. 金融衍生品

金融衍生品是以货币、债券、股票等传统金融商品为基础,以杠杆或信用交易为特征的金融工具。对金融衍生工具含义的理解包含以下三点:

(1)金融衍生工具是从基础金融工具衍生出来的。基础金融工具主要包括货币、外汇、利率(如债券、商业票据、存单等)以及股票等。在基础金融工具的基础上,借助各种衍生技术,可以设计出品种繁多、特性各异的金融衍生工具来,其主要价值也受基础金融工具价值变动的影响。

(2)金融衍生工具是对未来的交易。金融衍生工具是对基础工具未来可能产生的结果进行的交易。这些基础金融工具在未来某种条件下处置的权利和义务以契约形式存在。

(3)金融衍生工具具有杠杆效应。金融衍生工具是通过预测基础金融工具的市场行情走势,以支付少量保证金签订远期合约或互换不同金融商品的衍生交易合约。如果运用于套期保值,可在一定程度上分散和转移风险;如果运用于投机,可能带来数十倍于保证金的收益,也可能产生巨额的亏损。金融期货一般收取比较低的保证金,我国国债期货保证金是 3％。就以比较高的商品期货收 8％的保证金为例,就是 $1÷0.08＝12.5$ 倍,也就是一单位的货币可以操控 12.5 倍资金量的商品。

金融衍生品以杠杆性的信用交易为特征,有以几何倍数放大货币的作用,为货币

的 4 次方,即 $10^4 = 10000$;同时也把风险放大了上万倍。

从以上可以看到各种资金形态的放大倍数是以几何级数增长的,可以用图 A-2-7 来表示。

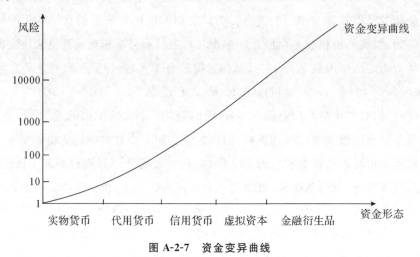

图 A-2-7 资金变异曲线

从图 A-2-7 可以看到,资金形态的不断变化,每一次变化都以十倍左右的几何级数不断放大。当然并不是每一次都这样,其只在一些极端的特殊情况下才发生,在现实生活中并不是都能够放大这种倍数的。只有对现实金融运作十分了解,能够把金融工具运用到极致的高手,并在各种条件配合下,才有可能放大这种倍数。

(三)金融的三要素是:信用、杠杆和风险

从以上可以归纳出,金融的三要素是:信用、杠杆和风险。由于信用的存在,人们可以暂时将信用转化成资金,而在这个过程中杠杆就产生了,放大了十倍、百倍、千倍甚至万倍,然而有杠杆就必然有危险,这就是金融的风险,所以无论何时何地,金融必须把风险放在第一位。

信用是金融的立身之本,可以说没有信用就没有金融。金融的信用主要有三点:第一点体现为金融企业本身的信用,试想如果是一个没有信用的银行,存的钱会被其吞噬,那么没有人会愿意将钱存于该银行。其他的金融企业如保险、信托等也都是如此。第二点体现为需要通过金融机构来进行融资的企业也要有信用,而这些信用主要源自于企业真实财务报表中的现金流、利润以及抵押物。一个企业有稳定的现金流才可以进行盈利活动,假设资金链断裂,那么无论描绘得多好,企业都无法生存,信用也将崩溃。企业的利润可以影响到增长率,高的利润增长通常可以有更高的市场价值,这样就可以得到更高的回报。足值的抵押物也可以作为企业的信用,即使企业无法将

所借资金归还,依然可以通过变卖抵押物来弥补这方面的亏空。第三点体现为信息中介服务的企业(如评估机构)要有信用。如果中介机构失信,带来信用消失,那么极容易出现泡沫,比如 2008 年美国的次贷危机。在房价一路上涨的时候抵押物是可以控制风险的,但是评估机构没有预计到一旦房价下降,抵押物就不足值,信用就不存在,因此出现了经济危机。因此,信用是金融的立身之本,离开了信用,金融活动将无法进行。

因为有信用的存在,所以就诞生了杠杆,杠杆是依附在信用之上的。

有了杠杆我们才能用小规模的钱做更大规模的事,以取得更多的利益,这也是金融的特点之一。合理的杠杆可以帮助我们做更大的事。过高的杠杆、脱离实体经济的杠杆就是泡沫,会对实体经济造成沉重的打击。一般来说,1∶10 的杠杆或者是 1∶20 的杠杆还是可以接受的(如期货保证金比例),但是,随着金融的不断创新,衍生品种类越来越多,杠杆与杠杆间会不断地进行叠加。多级的杠杆对不良事件进行了扩大,这也是金融危机的源头。但是,杠杆必须存在现实可控的金融中才有意义。比如我国对于房贷这个杠杆的态度,当首付比例为 100％即完全消灭杠杆时,房地产发展将会极大地受到限制,而当首付比例很低时则又容易造成房地产金融泡沫。所以,一般采取折中措施,制定一个合理的杠杆比例,比如首付 20％(即 1∶5)。如果要紧缩,就提高首付比例。因此,我们要想方设法控制杠杆,以保证杠杆处在合理的区间,这样既可以发挥杠杆的作用,又可以防范金融危机的发生。

风险是杠杆的伴生物,杠杆引发的风险是不可能完全消灭的。风险包含的不确定性使我们的投资资金有可能受到亏损。稳健的投资者不希望承担这种不确定性给他带来的影响,就要采取规避、分散、对冲、转移等手段以管理风险。激进人士受更高收益的激励,愿意承担这份风险,他们就有可能获得超额收益。我们要合理地管控风险,在风险资产中配置一些无风险资产,构成一种投资组合,这样既可能获得更大的收益,也可以管控住非系统性风险。

三、资金融通中的融通

(一)资金融通保证(信用)

我们一般理解"信用",实际上是指伦理上"信守诺言"的道德品质。日常生活中的"讲信用""一诺千金""君子一言,驷马难追"等词句实际上表达的都是这个意思。从这个层面来看,信用是至关重要的,因为一个社会只有讲信用,才能够形成良好的"信任结构",而这正是一个社会正常运转的重要基础。各个国家都强调与褒奖伦理层面的守信原则。在我国,崇尚信用的风尚自古有之,比如《论语》:"自古皆有死,民无信而不立""言必行,行必果""与国人交,止于信"等。在西方各国,守信同样也是人们一直奉行的基本道德规范,《圣经》中关于信用、信任的词汇也出现了几十次。信用原本的意思是因履行诺言而取得信任,它是长时间积累的信任,是难得易失的。费长时间积累的信用,往往由于一时的言行不当而失掉。

经济学意义上的信用是指"在一段时间内获得一笔资产的使用权"。债务人之所以能获得一笔资产的使用权,是基于债权人对债务人到期还本付息的信任。金融学意义上的信用是指以还本付息为条件,不发生所有权变化的、价值单方面的暂时让渡或转移。信用包括两个方面内容:债权人(投资人),将商品或货币借出,也称授信人;债务人(融资人),接受债权人的商品或货币,也称受信人。

(二)资金融通的动力(收益率—金融资产价格)

取得金融资产的收益是债权人(投资人)提供资金融通的根本动力。不同的金融资产有不同的收益率,不同的收益率形成了不同的金融资产价格。

不同金融资产的价格是不一样的。回收的金融资产—借出的金融资产=利息。利息是债务人使用资金的成本,是债权人出借资金的收益。

利息/借出金融资产=利率。利率的计算比较复杂,主要有以下几种:

(1)单利,是指按照固定的本金计算的利息。单利的计算取决于所借款项或贷款的金额(本金)、资金借用时间的长短及市场一般利率水平等因素。

(2)复利,是指在每经过一个计息期后,都要将所生利息加入本金,以计算下期的利息。这样,在每一个计息期,上一个计息期的利息都将成为生息的本金,即以利生利。

单利与复利的区别在于利息是否参与计息。举例说明:我有 10000 元,存款期限为 2 年,年利率为 3.25%;求 2 年后的利息。

单利计算方式:10000×3.25%×2=650(元)

复利计算方法 10000×3.25%×2+10000×3.25%×3.25%=660.56(元)

可见,复利比单利增加了 10.56 元;这个 10.56 元就是在第一年的利息 325(10000×3.25%)的基础上第二年产生的利息,也就是利息的利息。

由上述例子可知,在利率保持不变的情况下,复利比单利要高出 10.56 元,所以复利比单利更有优势。

(3)贴现率,是指将未来支付(未来值)改变为现值所使用的利率,或指持票人以没有到期的票据向银行要求兑现,银行将利息先行扣除所使用的利率。

（三）融通的载体

1. 金融工具

我们在第二章讲了什么是金融资产,金融资产和金融工具是什么关系? 和金融产品、金融商品又是什么关系? 简单地讲,它们基本上是同样一个东西,只是在不同场合、不同角度有不同的说法。举一个简单的例子:一辆汽车,在你家里是你们家的一个资产;在汽车制造厂是一个产品;到市场上去销售就是商品;如果这辆汽车是绝版,你卖出后可以赚更多的钱,这个资产就变成为你赚钱的工具。更重要的是,一般的商品在使用过程中会磨损,所以其价值会有折旧,但金融资产是可以用货币来表示的,货币有时间价值,就是它的利息,所以它更被人们作为赚钱的工具,用于赚钱的金融资产就成了金融工具。这本书是按互联网大金融的思维,站在金融市场的主体——投资者和融资者的角度来写的,它的目的是普及金融知识,推进普惠金融,在金融市场上让投资者有更多的收益,让融资者有更少的付出,所以在这里我们以金融工具来表示金融资产。

金融工具是用于交换的具有价值且能够给持有人带来收益的金融资产。资金融通一般是通过金融工具这个载体在金融市场中的交换来实现的。

金融工具一般具有以下 4 个特征:法律性、流动性、收益性、风险性。

法律性一方面是指这种金融工具是不是合法,在不在国家允许的范围内。如图 A-2-6 中正规金融和非正规金融的前面两类,即正在逐步规范的互联网金融和各级政府的金融办公室负责管理金融活动是国家允许的、合法的,最后一类非法集资、金融诈骗、金融传销等黑色金融,就是非法的。另一方面是指按合同有偿归还或回报的法律责任,如果不履行合同,法律可以追溯但不超过货物成本的 4 倍。根据国家最新的法律规定,参与非法的黑色金融造成的损失由投资者自己承担,因为这种金融活动本身就是非法的,无法得到法律的保护。

流动性是指某种金融工具容不容易转换成现金。一般来说,流动性越强,变现能力越强,风险相对就越小。

风险性是指金融工具的本金和利息遭受损失的可能。风险性常常与收益性成正比,也就是说,风险小的金融产品,其对应的风险性就会比较小;相反的,收益高的金融产品往往其风险性也会相对高一些。风险性常常和投资的金融产品的流动性成反比,即流动性高的资产,其风险比较容易控制;反之,流动性低,无法变现,其风险就会比较大。

2. 分类

金融工具从大类分,一般分成债权类、股权类、衍生品类、实物资产类、合成类、其他类。需要说明的是,实物资产本来是和金融资产相对的一个概念,但有一部分实物资产价值比较高,价格变化比较大,也会成为赚钱的工具,如房地产、黄金、珠宝、艺术品等。

债权类金融工具载明的是持有人对发行人的债权,主要是债券、基金等资产。由于债券的利息通常是事先确定的,所以债券是固定利息证券(定息证券也叫固定收益证券)的一种。在金融市场发达的国家和地区,债券可以上市流通。在中国,比较典型的政府债券是国债。

股权类金融工具载明的是持有人对发行公司财产的所有权、分红权和剩余索取权等,主要是股票、其他权益类工具。股票是股份公司发行的所有权凭证。每股股票都代表股东对企业拥有一个基本单位的所有权。

衍生类金融工具是基于原生性或基础性资产(如货币、利率、股票、股指等)的远期性契约、期货、期权、互换、掉期等。掉期是指在外汇市场上双方同时进行两笔金额相等、期限不同、方向相反的外汇交易;互换是指在资金市场上双方按事先预定的条件进行一定时期的债务交换。互换交易涉及利息支付,这是它与掉期的基本区别。

合成类金融工具是一种跨越了债券市场、外汇市场、股票市场和商品市场中两个或两个以上市场的金融工具进行合成后的金融工具,如证券存托凭证、资产证券化等。

(四)融通的场所

金融市场是买卖金融工具以融通资金的场所或机制。金融市场上,资金的运动具有一定规律性,它总是从多余的地区和部门流向短缺的地区和部门。金融市场按不同的标准可以划分为不同的类型,具体如图 A-2-8 所示。

虽然金融工具可以按很多不同的标准来分类,但经常用到的是按资产的形式来划分的,如图 A-2-9 所示是我国金融市场按形式划分后,国家金融监管部门(一行二会)对各个细分金融工具交换市场的分工。

(五)衡量投资的统一标准——年平均综合回报率

不同种类金融工具的投资收益率是不同的,即使是同一种金融工具中,不同的产品(比如股票市场中不同的股票)收益率也是不一样的。为了便于比较,我们用年平均综合回报率来衡量。年平均综合回报率是某一种金融工具在市场中一年的平均综合回报率,而不是某个人在某个金融产品上的收益率。这个词组由五个词素组成,所以我们这样来解释:

年,是指把所有收益都计算成年化收益率,比如一个金融产品期限不是刚好一年的,则其年化收益率的计算公式是:$\dfrac{收益}{本金} \times \dfrac{该产品期限天数}{365}$。

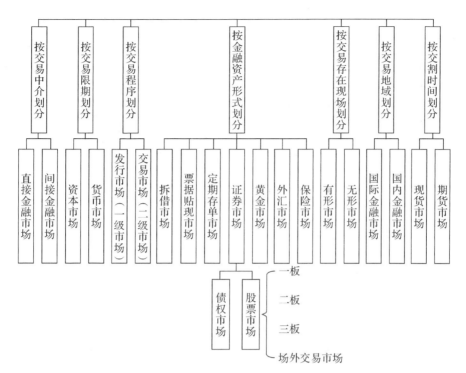

图 A-2-8　金融市场分类

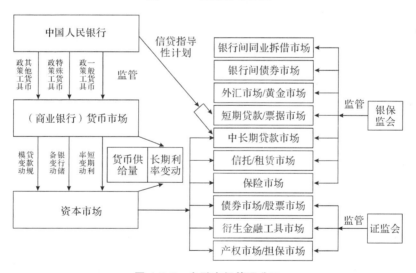

图 A-2-9　金融市场管理分工

综合平均,是指同一种金融工具中的不同金融产品的平均回报,而不是某一个金融产品的回报;否则各种金融产品(如不同股票)回报相差太大无法比较。

回报,我们这里用回报而不用收益,一是考虑投资不仅会得到收益,也会亏损(即收益是负的);二是在某些时候不只是有货币的收益,也可能会有其他的利益。

率,其是一个比率而不是一定资金量的货币。一定资金量的货币会由于本金的不同而无法比较。

(六)资产组合

资产组合是指把资金在不同种类的金融工具中进行分配投资;也指在同一种金融工具的不同产品中按一定比例分配投资(不把鸡蛋放在同一个篮子里),我们把金融资产按事先设计的一定比例分配然后进行不同金融工具、产品的操作叫资产组合。根据资产组合理论,投资者在追求收益和厌恶风险的驱动下,会根据组合风险收益的变化调整资产组合的结构,进而会影响到市场均衡价格的形成。

一个资产多元化的投资组合通常会包括股票、债券、期货、货币市场资产、现金以及实物资产等。其中,股票、期货通常情况下属于风险资产,而货币市场资产、现金以及实物资产通常情况下属于小风险资产。资产组合制定者首先要通过风险测定来确定资产组合购买者的风险厌恶系数,以估计购买者可以承受多少的风险,确定对资产组合进行风险高低资产配置的比例。由于不同种类的风险资产的收益率、风险以及期限不同,因此也要对不同种类的风险资产比例进行合理配置。

资产组合有着众多的优点,它可以根据每一个投资者自身的情况来进行合理的投资配置,迎合投资者自身的风险偏好。它将投资分散化,这样降低了整个组合的非系统性风险。它还可以在相同的风险下追求更高的收益,夏普比率就是其中一个衡量指标。资产组合还可以使我们获得各个市场的收益,假如我们的资产全在债券市场,那么无论经纪人做得有多么好,他也不可以从一个债券的投资组合中获得股票市场的收益。事实是各个金融市场都会有各个市场的收益,会有自己的繁荣期与衰退期,只在单个市场中操作获得收益的机会远远没有在多个市场中同时操作获得收益的机会大。在目前的金融环境下,只在某单个市场操作已经行不通了,只有宏观对冲、大类资产配置才能获得更高更稳定的收益。

(七)与传统金融教学的区别

我们在互联网大金融背景下分析金融,就应改变目前金融教学中的一些关键性问题。为了跟上新的形势和从我国特有的国家禀赋出发,教学时要注意以下的不同点:

1. 学习金融的范围发生了变化

金融在某种意义上讲就是资金的融通。金融是个过程,它一方面是在某一个国家的特定经济环境中运行,另一方面随着不断的改革开放会和国际金融产生越来越紧密的联系。传统金融主要研究银行,到目前为止,很多金融的教科书基本上还是"货币银行学"。在大金融时代,金融市场不仅包括直接金融与间接金融,还应该包括所有不在正规金融监管范围内的金融活动。大金融时代的金融市场主体是投资者和融资者,而银行只是金融中介里面的间接金融的一种。

2. 看待金融的角度发生了变化

传统金融理论是从金融中介机构的角度去看待金融,以金融机构为主体。大金融是从整个金融市场的角度出发,以更高的角度去看待金融,要让金融市场的用户按照互联网思维进行投资和盈利。同时,金融市场的用户就是投融资者,是主体,而金融机构从原来的传统金融的市场主角转变为第三方的服务机构。我们财经院校的学生以后很可能成为金融的从业者,所以看问题的角度必须要转换过来。

3. 学习金融的目的发生了变化

按照原来的金融学的培养方案,金融专业培养的是金融机构的中高级管理者,学的是货币宏观理论和金融市场管理理论。但是,现在我们培养的是高技能的应用型人才,不是金融市场的管理者,而是参与者,也就是金融市场中各种金融工具的应用者。打个比方,就像现在大家使用家用电器一样,我们只要了解电器的主要性能,有什么优缺点,哪一种更适合自己的现状就可以了,不一定要完全了解其设计原理、制作工艺等。

4. 学习金融的基础发生了变化

过去传统金融是以西方发达国家,尤其是只占全球人口 15% 的英美两国为基础的,所有的研究理论都是以他们的制度、价值观为基础的。而大金融理论是以中国的特殊情况为基础来进行研究的,所以我们要建设适合中国国家禀赋的,具有中国特色的金融理论研究和教学体系。全球其他 85% 人口的国家都没有证明新自由主义经济学是成功的,甚至连美国也没有用这个理论预测到 2008 年的经济危机。中国改革开放三十多年以来实现了经济的高速增长,是根据自己国家的特殊国家禀赋和正确的经济改革而取得的成功,所以一定要改变新自由经济学的学习基础。尤其在应用型大学不能提倡以新自由主义原版教材为教科书。

5. 学习金融的方法发生了变化

传统金融把金融学科理论化,并且使整个金融理论西方化、数理化和模型化,好像金融就是高不可攀的一个理论。而我们现在的互联网大金融思维要把金融从高深的理论象牙塔里面解放出来,要用普惠金融的态度以实证的方法使金融知识本土化、应用化和大众化。另外,从实际看一些金融从业者都不是通过模型计算来获取巨大利润,而仅是利用现存的金融工具,通过自身灵活的操作以及对市场的准确判断来获取利润。以前在对金融学专业的学生授课时,对各种金融工具的产生原理以及内部机制进行重点讲解剖析,对数学模型十分热衷,而对金融工具的实际运用却简单带过,导致金融学毕业生对于现有金融工具的了解浮在水面,并没有真正深入了解,毕业后到实际工作中一问三不知,要适应岗位必须重新培训。我们作为金融专业教育工作者,首先需要做的就是普及金融知识,让金融的知识通俗化,易于普通人群理解和应用,即加强金融工具的应用性指导。

第三讲　如何学好金融

前面我们分析了目前金融发展的形势变了，研究的角度变了，研究的范围变了，金融专业学生培养的目的也变了。在伟大祖国迈向新时代的时候，我们必须跟得上前进的步伐。我们调查了近 20 个用人单位，10 多所兄弟院校；向我校学生发放了 1000 多份调查问卷，做了 2 个学校重大课题，基本建立了"互联网大金融应用教学体系"。本教学体系的相关课程是应我院应用型独立院校转型而创建的，有别于传统金融学系列课程的教学框架和理念，其从全新的角度去诠释金融学，将原有的各门课程中符合目前我国金融实际的知识点重新有机地编排、整合，以适应应用型人才的培养需要，这属全国首创；从设计思路、课程结构、课程设置到教材编写都是从零开始、无从借鉴，此为本项目最大困难所在。在应用金融教学改革中，我们进行了大胆的创新，并多次专门召开研讨会邀请国内外专家进行论证。成果得到了大家充分肯定，全国发行量最大的统编教材之一《金融学》的主编曹龙骐教授在其最近出版的《金融学》第五版前言里赞扬道："如浙江财经大学东方学院，为响应国家关于高校向应用型转化的要求，坚持从实际出发，进行教学改革，不断开拓创新，该院领导和我的学生陈中放博士组织的创新团队，以本教材为专业基础理论课授课教材，在此基础上编写了应用金融系列教材，包括《金融投资工具比较与应用》《企业融资模式与应用》《互联网金融》等，近期也即将在高等教育出版社出版，事实证明，这样的教学改革是符合形势发展要求的，也已初见成效。"

在调查和研究的基础上我们制定了"以市场需求为导向，倒推设计；以现有知识为基础，循序而教"的设计思路。我们把所有金融机构对学生要求的技术能力的知识点和对毕业生进行调查后他们感受所欠缺的知识点罗列出来并加以分析。然后，根据作者参加金融工作 40 年来，担任过各个不同金融机构中高级管理岗位的经验和近 10 年的金融专业教学经验，结合对学生如何教学比较容易接受的调查，重新排列组合，提出初步方案，反复修改。

如曹龙骐老师在"应用型高校金融系列教材"的前言中所写：坚持以培养实用性人才为主要目标，用创新的思维创建"大金融课程体系"并辅之以切合实际的安排和有效的管理措施，这种改革的理念和创新实践是非常可贵的，也符合当前本专科金融教学的客观要求,对于为什么符合当前的客观要求,其道理非常简单:一方面,我们已经进入了一个"新金融"时代。它是一个使迅速增长的社会财富通过资金融通和证券运作变成资本的时代;它是一个人类已进入经济活动新领域即虚拟经济的时代;它是一个通过充分并有效的投资和融资使资本不断增值获取最佳效益的时代;它是一个全民投融资意识和防范化解风险意识得以极大提高的时代;它也是一个通过投融资和资产证券化使市场机制得以重塑的时代。对此,我们必须响应时代的呼唤,聆听时代的声音,直面时代的挑战! 另一方面,就金融市场本身来说,它就是一个不断创新的市场,因为市场的需求是催生金融创新的源头所在。一切在"变",我们只有因"势"而"变",才能有所作为。社会、国家、企业以至于个人的发展,固然不能没有资产。但是,历史的实践证明,从长远看,从根本上分析,当今世界,人才比资金更重要。那么,作为培养金融人才基地的教育部门来说,更没有理由因循守旧,无动于衷了。一位浙江财经大学东方学院的领导曾说过:"我们培养的金融投融资人才,是对各种金融投资工具和融资方式都熟悉的人才,多为企业特别是中小企业培养这样的人才,这是我们的历史责任。"可见,培育满足市场需求的应用型人才,创建一条具有特色的教学之路,已被东方学院的领导和师生们视为共识。

一、大金融课程体系

如图 A-3-1 所示为大金融课程的体系。

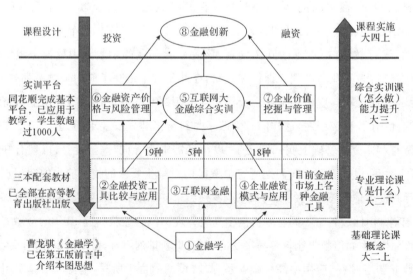

图 A-3-1　大金融课程体系

图 A-3-1 中②至⑦的主要内容如下：

②金融投资工具比较与应用。

我们以一套完整的指标体系介绍和评价各种金融投资工具，以及这些金融投资工具在中国金融市场的发展现状和操作流程。

③互联网金融。

根据 2015 年国家规定的口径对各种互联网金融工具进行了介绍。这些互联网金融目前实际操作的流程包括 6 种金融机构的互联网应用模式和 5 种互联网机构的金融创新模式。

④企业融资模式与应用。

介绍企业的各种融资方式，以及这些融资方式在中国金融市场中的现实状况和操作流程，并根据企业生命周期的不同阶段列出相应比较适合的各种融资方法，力图帮助企业解决"融资难"问题

⑤互联网大金融综合实训。

模拟了真实金融交易环境，使学生在"除了钱是假的，其他都尽量是真的"的条件下，体验所有基本的金融活动。其涵盖了 42 种金融工具，其中包括 19 种投资工具、18种融资方式和 5 种新型互联网金融工具，并在实训中训练学生对各种金融资产的组合能力，把投资业绩作为该课程考核主要指标之一。其分为初级版（即本课程金融活动体验）、中级版（金融综合实训）和高级版三个。

⑥金融资产价格与风险管理。

以实证的方法研究中国改革开放以来各种金融资产的价格（即综合平均回报率）及其变化趋势，并且将之与宏观经济金融数据、其他金融资产价格比较，从而训练学生进行金融投资组合，找到最佳资产配置方案，防范金融风险，提高金融投资效率。

⑦企业价值挖掘与管理。

对企业价值的各种不同估值方法进行详细介绍，使学生从仅了解银行信贷的净资产估值，提高到资本市场的市盈率法估值。通过了解企业如何进行股改，规范企业财务制度、法律制度及企业管理，帮助其进入资本市场，从而提升企业价值，提高企业融资能力，使企业更好地发展。

(1)方框内为理论课程，圆圈内为实践课程。

(2)①课程使用的是高等教育出版社出版的《金融学》，曹龙骐主编，已发行 70 万册，曹老师也是本系列教材编写委员会的主任。

(3)②③④课程使用的是由高等教育出版社出版的应用型高校金融系列教材，主要由东方学院老师编写。在该系列教材编写过程中培养了一批青年教师。

(4)①②③④⑤已开课。

(5)②③④⑤⑥五门课组成东方学院应用金融课程群。

(6)⑥⑦和⑤为初级课程,⑤所用教材即为本教材,已被选为"浙江省普通高校'十三五'新形态教材"。

从上面总图的纵向看,我们抓住了投资、融资两条主线的相关内容;从横向看,总体上分成了一般与提高两个层次,前一阶段主要是了解中国当前各种金融工具的基本情况,后一阶段包括使用各种金融工具的能力培养和技术培养。

二、金融实训中心和互联网大金融实训平台建立

在明确金融市场的主体为投资者和融资者以及使用"应用型高校金融系列教材"教学之后,后续我们应将已经掌握基本金融知识的学生引导至实践性操作中,即建立相应的应用金融教学实训体系。

(一)金融实训中心的建立

从2013年起,在学校领导的支持下,我们和技术教育中心开始对3号实验楼一层进行设计装修,经过一年多的努力,基本完成预期任务。我们从总图平面安排、详图细节设计、装修质量监督到教学设备选购全程参与,多快好省地达到了应用金融教育的要求。该金融实训中心分为三大部分:

(1)金融的历史。我们组织学生社团"投融资学会"完成了货币与金融票据展览馆的组建。陈列了原始货币、近代货币、1949年后货币、世界货币、国内金融票据、国外金融票据六大部分,近千件展品,现在已经作为金融学和经济学"货币历史"配套的实验课,三年来已有校内外近千名参观者,已经成为海宁市社会科学普及教育基地。

(2)金融的现态。金融实训中心里有与目前最普遍的间接融资的典型——商业银行一模一样的银行营业部、直接融资的典型——证券公司一模一样的证券营业部,连装修和设备都完全一样,给学生实训以真实场景感。

(3)金融的未来。有两个能容纳138名学生的大数据实验室。因为我们想象未来金融操作环境,是在一大堆电子显示屏包围中,每一个投融资者,面对计算机,可以操作所有的投融资的金融产品。我们的这个模拟操作环境里面不设讲台,而是采用先进的教学设备,教师在教学过程中不断引导学生主动学习。

（二）互联网大金融综合实训平台

浙江财经大学东方学院以目前金融业实际运行的金融工具和模式为基础，专门组织了十多位教师成立了"互联网大金融综合实训项目开发小组"，历经一年编写了1000多个流程图和表格，并与同花顺公司合作，完成了"互联网大金融综合实训软件"。基于互联网平台，经过两轮测试修改，从2015年下半年到现在已经安排并实施教学计划，有10轮近千名学生参加了实训。每一轮我们都进行学生问卷调查，90%以上的学生反映良好。同花顺也在我校召开了三次研讨会，全国有近百所高校参加，大家讨论了该产品，目前已经有安徽财经大学等几所高校购买此软件给学生实训。

互联网大金融实训平台是模拟真实金融市场，以"场景模拟、角色扮演、任务推送、随需而变、不断发展"为指导思想，运用真实的投资工具，进行股票、期货、基金、外汇等十多种金融投融资工具操作，依照各类投资资产的风险等级，由低到高让学员进行实训，逐级完成测试考核。同时，本实训也提供部分金融机构模拟练习，将金融实体机构的业务搬进培训课堂，让一部分学员扮演银行、证券公司、期货公司、基金公司等各类金融机构的工作人员，实现与投资者的有效互动，每一个参加实训的参与者可以从投融资者的角度全面理解金融市场。如图A-3-2所示为互联网大金融实训平台同花顺宣传资料。

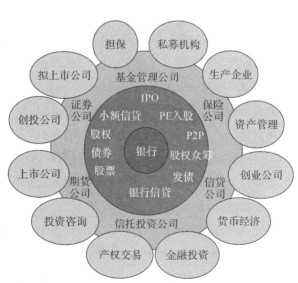

• 互联网大金融综合实训平台以搭建模拟金融生态圈为最终指向，力争实现以互联网、大数据、大金融为背景，以银行、证券、期货、基金等实体金融中介为支撑，模拟仿真投融资行为的综合实训平台。该平台以实训数据为基础，高效评估学生的专业素养，同时精准对接同花顺合作伙伴岗位需求，为学生提供实习和就业机会，为高校金融教育打造"理论+实践+就业"的一体化解决方案

图 A-3-2　互联网大金融实训平台同花顺宣传资料

课程内容包括课前动员、软件介绍、金融机构培训、各金融账户开户、银行业务(购房、购车、国债、理财、保险、信用卡等)、股票、外汇、期货、私募基金路演、组合投资、团队竞赛等。

从学生角度来看,平台的主要优势为:避免了单纯理论课程的枯燥授课,充分实现了"玩中学"的教学意义,能够帮助学生快速且有效地学习。

三、教材体系

教材体系主要由两个部分组成,即高等教育出版社出版的"应用型高校金融系列教材"和浙江大学出版社出版的"互联网大金融系列教材"。

(一)"应用型高校金融系列教材"

前一阶段曹龙骐老师给我们做了很好的总结,他在该系列教材的前言中写道:"浙江财经大学东方学院的师生们,多年来一直秉承在理论和实践的结合上努力培养能为经济建设和社会发展服务的应用型和技术型人才为终极目标,他们因势而变,结合社会的需求,从改革专业课程设置出发,创建符合学院自身发展的本科教学培养体系,他们将它命名为'互联网大金融课程体系'。他们搭建新的课程体系,并相应地与同花顺公司共同建立'互联网大金融综合实训平台'。其具体构想:一是'互联网大金融课程体系'的创建,必须面向所有学习金融的学生;二是对原课程体系重新进行合理组合,大体分为两大模块,即'金融公共基础模块课程'和'金融选修模块课程',前者的教学资料主要由高等教育出版社最新出版的,曹龙骐老师主编的《金融学》(第五版)本科教材和相应配套的教辅材料《〈金融学〉案例与分析》组成;后者由"金融投资工具比较与应用""企业融资:模式与应用""互联网金融"三门有关金融实务的课程组成;三是在上述基础上创建互联网大金融综合实训平台,学生通过在这一平台上的操作,将所学的金融基本理论和金融基本技能相融合,使培养的人才更具有适应性和应用性。"以上讲的这部分工作我们基本已经做完,已经融入我们2015、2016级的教学计划,并取得了很好的教学效果。

在高等教育出版社的支持下,我们成立了"应用金融系列教材编委会",由十多位国内外学者和金融界业内专家组成,曹龙骐老师任编委会主任,他在"十二五"普通高等教育本科国家级规划教材《金融学》2016年第五版前言中,充分肯定了我们的创新,对我们的三本教材给予高度的评价。

《金融学》(第五版)主要对金融范畴、金融市场与金融机构以及金融宏观调控三个基本方面进行阐述,帮助学生学习金融体系基础知识。《金融投资工具比较与应用》一书主要按章节对各种金融投资工具以投资者角度进行详细介绍和比较。《企业融资模式与应用》则主要以融资者角度来编写,列举出融资者如何在企业生命周期的不同阶段,依靠不同的融资工具来为企业发展提供资金支持。而《互联网金融》主要介绍互联网概念、思维,并对互联网金融工具进行详细介绍,帮助学生区分互联网金融与传统金融之间的差别,同时列明互联网金融的创新之处和对社会的利处。

这三本教材目前都已经出版,其封面如图 A-3-3 所示。

图 A-3-3　已出版的应用型高校金融系列教材

图 A-3-4 是基础课"金融学""金融投资工具比较与应用""企业融资模式与应用"和专业基础课"互联网金融""互联网大金融实训"课程之间的内在联系。

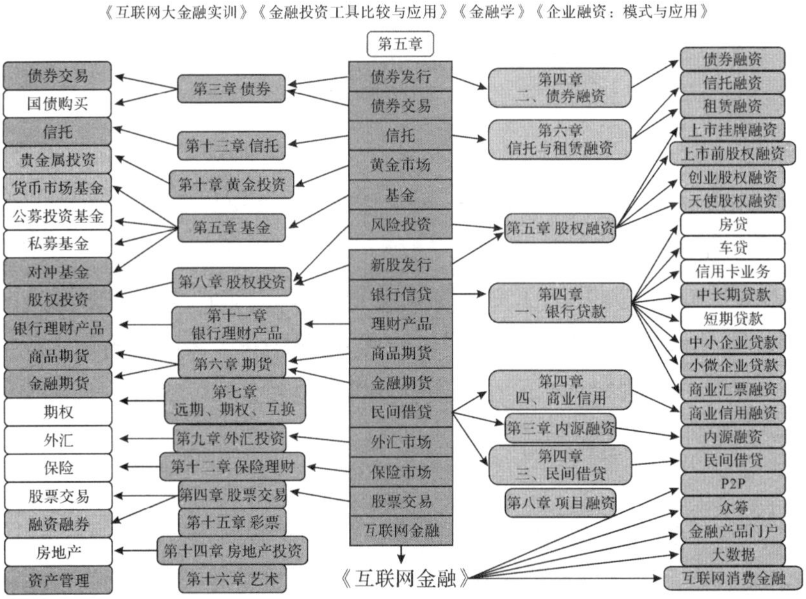

图 A-3-4　各课程间的内在联系

我们设计的 19 种投资工具、18 种融资工具与 5 种互联网金融工具在左右边上两条,其中白色表示同花顺按我们项目开发组的流程设计已经开发完成且已经在实训平台中运行;浅色表示已经开发完成但还没有和实训平台连接上;深色表示还在准备中。中间一列是曹龙骐老师主编的《金融学》第五章的内容。第二、四列分别是《金融投资工具比较与应用》《企业融资模式与应用》《互联网金融》中的部分章节。这些教材之间是有内在联系的。

(二)"互联网大金融系列教材"

目前我们正在推动培养学生创新创业能力和技能的教材的出版,我们已经将"互联网大金融系列教材"申报为浙江省普通高校"十三五"新形态教材并获得了立项,即将在浙江大学出版社出版。从投资角度有《金融资产价格与风险管理》,其以实证的方法研究中国改革开放以来各种金融资产的价格(即利率)及其变化趋势,并且使其和宏观经济金融数据、其他金融资产价格比较,从而进行金融资产组合,防范金融风险,提高金融投资效率。

从融资角度有《企业市场价值挖掘与管理》,其主要介绍企业市场价值概念和意义,介绍各种不同估值方法,从银行信贷的净资产估值,深入到资本市场的市盈率法估值。通过帮助企业股改、规范企业财务、法律及管理制度,帮助其进入资本市场,从而提升企业价值,提高企业融资能力,使企业更好地发展。

四、金融创业能力培养

随着全国高校创新创业导向的明确,各个高等院校向应用型转化力度将加大,所以我们重新制定了 2017 级培养方案的,在实施了上面各阶段的基础上,提出对学生进行"金融创新创业能力"的培养。

通过学习有关金融知识,并经过反复金融模拟实训,提高学生的金融技术和能力水平,使学生毕业后能运用各种金融工具。大学生如果在金融市场里有比较全面的投融资能力,就能为今后进行创业或在金融中介机构得到良好发展打下基础。我们把这种能力称为金融创新创业能力。

(一)培养行业分析能力人才

行业分析人才的具体培养方案为:在学生基本掌握应用金融知识的基础上,选择自身偏好的一行业,在大学四年期间对该行业进行深刻的分析,包括行业的发展趋势、出台的法律法规、目前的状况等，充分了解该行业的优势、劣势、机会和威胁，同时将学生的学年论文以及毕业论文的选题限定在该行业中，通过学年论文和毕业论文的综合测评来对该学生对这一行业的了解程度进行基本判断。在这样的情况下，通过论文评审的学生至少对该行业有了深刻的了解，能根据各金融工具进行基本面分析，从而来分析该种金融工具是否具备长期投资的价值。比如某只股票，如果确认它基本面向好，那么学生作为投资者可以在实训中购入该股票进行长期投资来获取利润。

（二）策略交易和技术面分析

投资实训的第二部分体现为对学生技术性策略交易的培养。互联网大金融实训平台已经对接了同花顺公司开发的策略交易学习软件，下一步将对接智能投资机器人软件，学生可以在这些软件中对股票进行技术面分析。这可以帮助学生制订该股票的投资策略，例如依靠技术面分析，对该股票实施短期波段性操作，以做 T 的方式赚取利润。依照上述基本面与技术面的相互印证，我们可以投资者的角度告知学生在金融市场中如何以一名合格的投资者的身份进行投资来获取收益，使学生在未来参与到金融市场中时能够拥有完整的理论知识以及扎实的实践经验。

（三）融资技能的培养目的

我们认为融资所需要注重的是企业市场价值的发掘。在对企业进行价值的发掘及管理时，必须要明确企业价值的定义，熟悉企业价值的不同定价方法，如成本法、重置法、未来现金流折现法、市盈率法、点击率法。同时，应对学生传授企业价值挖掘的具体方法，即对企业进行尽职调查。在实训过程中，学生必须掌握尽职调查的具体事项。在做好尽职调查之后，对企业的财务审计也是必不可少的，这主要用以评估企业的价值。在审计完成后，对企业进行股份制改制，要求学生明确改制过程中需要熟悉的法律法规以及具体的改制程序。最后，对企业实行企业价值的规划，即企业发展思路，从而提升企业价值外部，使企业能上市、挂牌交易。

培养金融创新人才并非施以创新类教材即可全部完成，还需在传授其实践性知识后指引学习者将学到的知识在实际中应用。通过不断进行实训，达到培养金融创新创业能力的目的。

比如在培养金融投资能力方面，目前我们只能用真实行情和虚拟资金来进行实训，且以半年为一期，这样把所有投资数据集合可以做成一个比较好的业绩流水单供金融机构招聘人员参考，提升学生就业率。我们也在努力自己筹备一些资金或和机构合作成立一个基金，在 100 人之中选 20 人用真实行情和真实资金进行训练。在训练时,会设置两条风险控制线:总资产亏损 10％,资金量减少一半,20％为斩仓线;反之也一样,盈利 10％,资金扩大一倍,盈利 20％,奖励操盘手 20％。如果在行情平稳或上升保持,总盘子就会越做越大,使这个基金能够可持续发展。这样更具有说服力。

如果能顺利执行以上"金牌操盘手"计划,我们就可以培养一批受社会欢迎的应用型金融人才,并且带出一批金融创业的学生。

第一阶段实训　准备

任务一　课程安排

一、学习内容

听实训教师讲述课程简介以及课程安排。

二、课前预习

请参考《学习指导书》。

任务二　角色确定

一、学习内容

请参加实训的学生定位自己的角色,可以为金融机构工作人员兼投资者或投资者。每一位学生默认为投资者,如果想从事金融机构工作人员,则应填写简历申请金融机构的工作岗位。

金融机构竞聘岗位如下:

银行行长 1 名,职员 5～6 名(根据实训人数进行调整,下同)。

证券营业部总经理 1 名,职员 5～6 名。

期货公司总经理 1 名,职员 3～4 名。

基金营业部总经理 1 名,职员 3～4 名。

金融发展管理公司总经理 1 名,职员 3～4 名。

无经历如何写
好一份简历

二、课前预习

请参考《学习指导书》。

三、实训内容和任务清单(附表单)

表单 1-2-1 个人求职简历。

任务三　人生财务规划

一、学习内容

请参加实训的学生填写人生财务规划表。对自己的人生财务做一次整体规划。

二、课前预习

请参考《学习指导书》。

人生如何
做理财规划

三、实训内容和任务清单（附表单）

表单 1-3-1 人生财务规划表

任务四　软件系统操作培训

一、学习内容

请投资者学习"大联网大金融综合实训平台"软件的操作方法。具体使用说明如下：

（一）登录系统

1.在学校内网环境下，使用浏览器（务必使用谷歌 Chrome 浏览器）输入 10.1.16.23 进入实训首页，看到如图 1-4-1 所示界面。

1-4-1　登录界面

2.点击快速注册(建议用邮箱注册),完毕之后,输入账号密码登录。

3.登录后,身份选择项请选择学生,随即输入自己的学号,如图1-4-2所示。

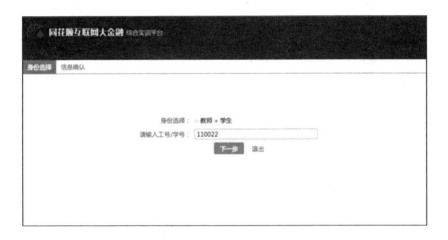

图 1-4-2 学号输入

4.在绑定账号项中再输入一遍学号(这里输入学号,不要输入密码),如图1-4-3所示。

图 1-4-3 绑定账号

5. 绑定账号并选择课程之后，可看到如图 1-4-4 所示界面。

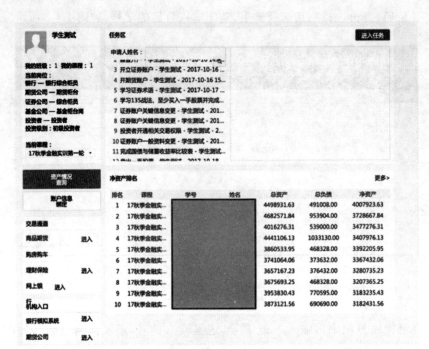

图 1-4-4　系统首页

（二）系统说明（参见图 1-4-4）

1. 任务区

任务区在主页的正中间，是最主要的模块，教师发布的任务都会显示在这个模块中。点击某个任务，再点击任务区右上角的"进入任务"，可以查看该任务的要求。按照任务的要求，学生进行任务操作，在操作完成之后，点击该页面左上角的"完成任务"，即可完成该任务。

2. 当前岗位

在主页左方，学生可查看自己所属的岗位。每个学生都是从"投资者"开始的。当学生申请了金融机构职位后，在该处可看到相应的金融机构职位。

3. 账户信息绑定

当学生完成开户之后，点击主页左下角的"账户信息绑定"，将新开的银行、证券等账户在该页面进行绑定。

4. 交易通道

在主页左下角，"账户信息绑定"按钮下方，有"交易通道"栏目。当学生将不同投资品种的账户信息绑定之后，就会出现该投资品的交易通道。点击后面的"进入"按钮,即可进行交易。

5. 机构入口

当学生被聘为金融机构工作人员之后,在交易通道的下方(图中没有显示),就会出现机构入口。点击后面的"进入"按钮,即可进入机构的工作系统。

(三)主页标题栏说明

主页的上方,有一排标题栏(见图2-4),其主要的功能如下:

我的作业:提交作业的通道,学生将需要上交的电子版文件传到这里,教师即可看到并进行批改。

资料管理:在资料管理中,有关于各种投资品种的金融知识和上课任务的补充说明,请投资者在资料管理中进行下载学习。

在线测评:升级测试模块主要用于对学生知识掌握程度的测试,由教师端随机生成试卷,推送给所有学生测试,并作为一个重要的评分标准。教师发布的测试会在该栏中。点击进入可以参加测评。

互动平台:学生有问题可以在该栏下面进行留言。

我的任务:学生在该栏下面可以查看自己已经做过的任务和各个任务的执行情况。

消息(　　):在主页的右上角,有和课程相关的消息。注:当学生被指定为金融机构工作人员时,会有消息显示,查看即可看到自己的工号,用工号即可登陆金融机构的工作系统。

二、课前预习

请参考《学习指导书》。

任务五　各金融机构岗位培训

一、学习内容

金融机构工作人员接受实训指导教师的岗位培训,登记工作岗位并领取工作材料(表单、印章、工作牌等)。

二、课前预习

请参考《学习指导书》。

附录1 第一阶段任务表单汇总

表单1-2-1个人求职简历

班级：_____

姓名：_____

学号：_____

个人简历

姓名		性别		出生年月		
民族		政治面貌				
学制		学历		户籍		
专业		毕业学校				
技能、特长或爱好						
外语等级		计算机				
个 人 履 历(教育背景或工作背景)						
时间	单位		经历			
联系方式						
通讯地址			联系电话			
E-mail			邮编			
自我评价						

表单 1-3-1 人生财务规划表

班级：_____

姓名：_____

学号：_____

收入

项目	说明	金额（元）
总计收入		（元）

支出

项目	说明	金额（元）
总计支出		（元）

差额（总计收入—总计支出）

总计差额		（元）

第二阶段实训　银行业务

任务一　开活期账户

一、学习内容

请每位投资者去银行开设银行账户并办理一张银行借记卡。

二、课前预习

了解银行开活期账户的要求,并准备需要携带的材料——身份证。

任务二　理财产品种类比较和收集

一、学习内容

请每位投资者查询定期储蓄和国债的收益率,并浏览系统中理财产品的基本资料,然后将各个要素填入"理财产品综合比较表"中。

二、课前预习

理财产品的基本知识(见知识库)。

三、实训内容和任务清单（附表单）

表单 2-2-1 理财产品综合比较表 YHT－100

怎样分辨
理财产品

任务三　银行理财产品的签约购买

一、学习内容

请投资者去银行柜台签约购买理财产品。

二、课前预习

熟悉"理财产品综合比较表"。

三、实训内容和任务清单（附表单）

表单 2-3-1 模拟银行第一支行理财产品风险评估测试 YHT－101

表单 2-3-2 模拟银行第一支行理财产品风险揭示书 YHT－102

表单 2-3-3 模拟银行第一支行理财产品申购认购委托书 YHT－103

任务四　保险产品的选择

一、学习内容

请投资者查阅系统中的保险产品，并进行比较，然后根据保险种类以及自身或者家庭的实际情况，撰写一份银行保险购买计划，不少于 400 字，交到"我的作业中"。

二、课前预习

1.保险产品的基本知识（见知识库）。

2.请参考《学习指导书》。

三、实训内容和任务清单（附表单）

表单 2-4-1 保险购买计划书 YHT－104。

任务五　申请银行住房抵押贷款

一、学习内容

请投资者在系统中选择需要购买的住房，并且完成首付款的支付。完成首付后，携带相应的资料赴银行柜台办理房贷。

二、课前预习

房贷基本知识以及所需的材料（见知识库）。

个人住房按揭
贷款手续及流程

三、实训内容和任务清单（附表单）

表单 2-5-1 模拟银行第一支行个人住房贷款申请表 YHT－106

表单 2-5-2 收入证明模板 YHT－107

表单 2-5-3 房屋产权证 YHT－108

表单 2-5-4 购房合同 YHT－109

任务六　申请信用卡

一、学习内容

请投资者赴银行填写信用卡申请表，申请一张信用卡。

二、课前预习

1. 信用卡基本知识及利率（见知识库）。

2. 请参考《学习指导书》。

信用卡

三、实训内容和任务清单（附表单）

表单 2-6-1 模拟银行第一支行信用卡申请表 YHT－111

附录 2 第二阶段任务表单汇总

班级：_____

姓名：_____

学号：_____

表单 2-2-1 理财产品综合比较表 YHT－100（前四行按照系统中的理财产品填写，后三行请投资者自由选择银行，并在网上查询）

理财产品综合比较表				
产品名称	产品起止日期	实际天数	收益类型	实际收益率
国债	////////	//////	/////	三年（　　）五年（　　）
定期储蓄利率	（　　）银行	三个月（　　）	半年（　　）	三年（　　）五年（　　）
定期储蓄利率	（　　）银行	三个月（　　）	半年（　　）	三年（　　）五年（　　）

注：收益类型选填保证收益、保本浮动收益、非保本浮动收益。

模拟银行第一支行投资者风险评估测试

尊敬的投资者：

以下的问题将根据您的财务状况、投资经验、投资风格、风险偏好和风险承受能力等对您进行风险评估（每个问题请选择唯一选项，不可多选）。它可协助我们评估您的投资偏好和风险承受能力，有助于您控制投资的风险，同时也便于我行据此为您提供更准确的投资服务。

1.您的年龄是（受经济条件和身体条件影响，不同的年龄层次对风险的承受能不同）？
☐ 18~30　　☐ 31~50　　☐ 51~60　　☐ 高于60岁

2.您的教育程度：
☐ 高中以下　☐ 专科　　☐ 本科　　☐ 研究生或研究生以上

3.您目前的职业状况：
☐ 待业或退休　☐ 无固定工作　☐ 企事业单位固定工作　☐ 私营业主

4.您的家庭年收入折合人民币为（家庭收入状况影响您的风险承受能力）：
☐ 5万元以下　☐ 5~10万元　☐ 10~20万元　☐ 20~30万元　☐ 30万元以上

5.在您每年的家庭收入中，可用于金融投资（储蓄存款除外）的比例为：
☐ 小于10%　　☐ 10%~25%　☐ 25%~50%　　☐ 大于50%

6.您进行投资的主要目的是：
☐ 确保资产的安全性，同时获得固定收益
☐ 希望投资能获得一定的增值，同时获得波动适度的回报
☐ 倾向于长期的成长，较少关心短期的回报和波动
☐ 只关心长期的高回报，能够接受短期的资产价值波动

7.您的投资知识：
☐ 缺乏投资基本常识　　　　　　☐ 略有了解，但不懂投资技巧
☐ 有一定了解，懂一些投资技巧　☐ 认识充分，并懂得投资技巧

8.您以往的投资以什么产品为主？
☐ 存款　　☐ 债券、偏债型基金　　☐ 股票、偏股型基金
☐ 金融衍生品（如期货、外汇等）、私募股权投资

9.您有多少年投资股票、基金、外汇、期货、金融衍生产品等风险投资品的经验（投资经历越长，您的风险承受能力越强）？

　　□没有经验　　□少于2年　　□2至5年　　□5至8年　　□8年以上

10.以下哪项描述最符合您的投资态度（高收益意味着要承担高风险）？

　　□厌恶风险，不希望本金损失，希望获得稳定回报
　　□保守投资，不希望本金损失，愿意承担一定幅度的收益波动
　　□寻求资金的较高收益和成长性，愿意为此承担有限本金损失
　　□希望赚取高回报，愿意为此承担较大本金损失

11.您如何看待投资亏损：

　　□很难接受，影响正常的生活　　　　□受到一定的影响，但不影响正常生活
　　□平常心看待，对情绪没有明显的影响　□很正常，投资有风险，没有人只赚不赔

12.您计划的投资期限是多久（投资期限越长，您的风险承受能力越强）？

　　□1年以下　　　□1~3年　　　□3~5年　　　□5年以上

13.您的投资目的是：

　　□资产保值　　□高于同期存款　□资产稳健增长　□资产迅速增长

14.您进行投资时所能承受的最大亏损比例是：

　　□10%以内　　□10%~30%　　□30%~50%　　□50%以上

15.您期望的投资的收益率：

　　□高于同期定期存款　　　　　□10%左右，要求相对风险较低
　　□10%~20%，可承受中等风险　□20%以上，可承担较高风险

调查评估结果：

您的得分总计为：

评估结果，您的风险承受能力等级为：

积极型□　　　　稳健型□　　　保守型□

参考：风险承受能力等级确定标准

积极型：45~60分 稳健型：30~44分 保守型：15~29分

投资者签署：

签署日期：　　　　　　　　　复核人：

班级：＿＿＿＿＿＿＿
姓名：＿＿＿＿＿＿＿
学号：＿＿＿＿＿＿＿

模拟银行第一支行理财产品风险揭示书

理财非存款、产品有风险、投资须谨慎

特别提示：本产品为(保证/非保证收益)类理财产品。本理财产品不保证本金和收益，投资者可能会因本揭示书所列风险蒙受损失，请充分认识投资风险，谨慎投资。

本产品风险评级为(R1、R2、R3、R4、R5)级，适合风险评级为("谨慎型""稳健型""平衡型""进取型""激进型")的客户认购。如影响投资者风险承受能力的因素发生变化，请及时重新完成风险承受能力评估。

以下风险揭示内容请投资者详细阅读，在充分了解并清楚知晓本产品蕴含风险的基础上，通过自身判断自主参与交易，并自愿承担相关风险：

1. 信用风险

产品存续期间，如果发生信托公司违约、挪用信托财产或所持债券的发行人破产、违约等极端情况，投资者本金有可能受到损失。在最不利的情况下，投资者可能损失全部投资本金及理财收益。

2. 市场风险

产品存续期间，如果产品募集资金所购买的信托计划投资收益达不到测算收益率，投资者将不能获得预期回报。如果投资后市场利率或信用利差增加，投资者本金有可能受到损失。

3. 利率风险

产品存续期间，如果市场基准利率上升，本理财产品年化收益率不随市场基准利率上升而提高。

4. 流动性风险

投资者没有提前终止权。本合同经投资者和模拟银行第一支行双方签字确认即时生效，理财本金将自动冻结。在上述冻结期间和产品存续期间，投资者不得要求支取、使用理财本金的全部或任何部分，不得再设定其他任何第三方权益。

5. 信息传递风险

模拟银行第一支行按照本说明书有关"信息公告"条款，发布理财产品相关信息公告。投资者应根据该条款的约定及时登陆模拟银行第一支行网站或向模拟银行第一支行理财经理咨询。如投资者未及时查询，或由于通信故障、系统故障以及不可抗力等因

素影响使投资者无法及时了解产品信息,因此而产生的责任和风险由投资者自行承担。

6. 其他风险

其他风险是指由于自然灾害、战争等不可抗力因素的出现,将严重影响金融市场的正常运行,从而导致理财资产收益降低或损失,甚至影响理财产品的受理、投资、偿还等的正常进行,进而影响理财产品的资产收益安全。

确认函

投资者在此声明:本人已认真阅读并充分理解《模拟银行第一支行( )理财产品协议书》《模拟银行第一支行( )理财计划产品说明书》与上列《风险揭示书》的条款与内容,充分了解并清楚知晓本理财产品蕴含的风险,充分了解履行上述合同文件的责任,具有识别及承担相关风险的能力,充分了解本理财产品的风险并愿意承担相关风险,本人拟进行的理财交易完全符合本人从事该交易的目的与投资目标;本人充分了解除上述产品说明书明确规定的收益或收益分配方式外,任何预计收益、预期收益、测算收益或类似表述均属不具有法律效力的用语,不代表投资者可能获得的实际收益,不构成模拟银行第一支行对本理财计划的任何收益承诺,仅供投资者进行投资决策时参考。本人声明模拟银行第一支行可仅凭本《确认函》即确认本人已理解并有能力承担相关理财交易的风险。

投资者在此确认:本人风险承受能力评级为:_____。本人已充分认识叙做本合同项下交易的风险和收益,并在已充分了解合同文件内容的基础上,根据自身独立判断自主参与交易,并未依赖于银行在合同条款及产品合约之外的任何陈述、说明、文件或承诺。

根据中国银行业监督委员会令(2011 年第 5 号)文《商业银行理财产品销售管理办法》,请抄录以下语句并签字:"本人已经阅读上述风险提示,愿意承担相关风险。"

银行经办人(签名):　　　　　　　　　　　　投资者(签名):

日期:　　　年　　月　　日

表单 2-3-3 模拟银行第一支行理财产品申购认购委托书
　　　YHT－103

浙江财经大学东方学院　　　　　　　　　　《金融综合实训》

模拟银行第一支行理财产品认购/申购委托书

委托日期:　　年　月　日

基本信息			
甲方(客户名称)		联系电话	
证件名称		证件号码	
机构经办人证件名称		机构经办人证件号码	
账户/卡号		手机号码	
联系地址及邮编		电子信箱	
乙方	东方模拟银行第一支行	联系电话	
网点名称及联系地址			

产品信息			
产品名称		产品代码	
币种及金额	现钞(大写)		(小写)
	现汇(大写)		(小写)
银行打印			

*其他内容详见产品说明书。

甲方确认所委托业务与本栏银行打印记录相符。甲方声明已清楚知悉并接受所认购/申购产品对应说明书的内容,本委托项下产品的认购/申购及其他交易行为均适用对应《产品说明书》和甲方所签署《东方模拟银行第一支行理财产品协议》的约定。

甲方(客户签字或盖章):
机构经办人签字:　　　　　　　　　　　乙方或其分支机构(签章):
日期:　　　　　　　　　　　　　　　　日期:

主管:　　　　　复核员:　　　　　经办员:

编号:YHT-102　　网址:www.zufedfc.edu.cn

第一联:作记账凭证附件　　第二联:银行留存　　第三联:客户留存

表单 2-4-1 保险购买计划书 YHT－104

请撰写一份银行保险购买计划书。在计划书中，详细写出个人或者家庭的人身或者财产情况。根据自身情况得出投保要求，然后查阅系统中的保险产品，确定自己要购买的保险产品并给出投保理由。计划不少于 400 字。

表单 2-5-1 模拟银行第一支行个人住房贷款申请表 YHT－106

模拟银行第一支行银行个人住房借款申请书

编号：

申请书提交日期：　　年　　月　　日；　贷款银行收妥日期：　　年　　月　　日

贷款银行受理人：

申请人姓名		出生年月		性别	□男□女	民族	
证件种类		证件号					
配偶姓名		出生年月		性别	□男□女	民族	
证件种类		证件号					
申请借款金额(万元)	大写				小写		
申请借款期限	年	健康状况		□良好	□一般	□差	
现工作单位				职务			
职称							
单位地址及邮编				本地居住时间		年	
进入现单位时间	年月						
家庭电话		办公电话		移动电话			
传真电话				E-mail			
通讯地址				邮政编码			
申请人月收入	元	家庭月收入	元	家庭月支出		元	
共同申请人信息							
姓名		性别		年龄		婚姻状况	
月收入		证件种类及号码			工作单位		
与主申请人关系							

通讯地址	

拟购房屋资料					
售房单位(全称)					
房屋坐落位置					
房屋类型	□经济适用房 □商品房 □别墅 □商业用房 □其他				
房屋形式	□期房 □现房		售房合同编号		
房屋建筑面积		m²	单位售价		元/m²
房屋价值		元	已付购房款		元
房屋所有权证编号					
物业费	元/(m²·月)		购房目的	□自住 □投资	

最高额抵押贷款			
申请最高额抵押贷款	□是 □否	申请贷款额度	元
首次贷款用途			
有效期		保类型	最高额抵押□阶段性保证加最高额抵押

借款申请人声明

1. 以上申请书及其所附资料、所填内容为本人所填,且完全属实。如资料失实或虚假,本人愿承担相应法律责任。

2. 本人同意以坐落于市区(县)号的房屋(商铺)产权证及该房屋(商铺)占用范围内的土地使用权证作为借款人向贷款人模拟银行第一支行股份有限公司申请贷款担保之用,并承诺按贵行的要求签订抵押合同和办理抵押登记手续。

3. 本人承认以此申请书作为向贵行借款的依据。报送的资料复印件可留存贵行作备查凭证。

4. 经贵行审查不符合规定的借款条件而未予发放贷款的,本人无异议。

5. 本人保证在取得银行贷款后,按时足额偿还贷款本息。

6. 若本人未履行与贵行签订的借款合同中的义务,在贵行需要处置抵押房屋时,本人承诺确保抵押房屋的权利人积极配合贵行的处置行为,并按贵行要求及时交付抵押房屋和有关权利证书;若抵押房屋为本人所有时,本人愿意接受司法机关的强制执行,并无条件自找住房或接受其他方式的安置。

7. 本人同意银行将本人信用信息提供给中国人民银行个人信用信息基础数据库及信贷征信主管部门批准建立的其他个人信用数据库。并同意银行向上述个人信用数据库或有关单位、部门及个人查询本人的信用状况,查询获得的信用报告限用于中国人民银行颁布的《个人信用信息基础数据库管理暂行办法》规定用途范围内。

申请人签字:

年　月　日

共同申请人签字:

年　月　日

表单 2-5-2 收入证明模板 YHT－107

模拟银行第一支行个人消费信贷
收入证明书

兹证明,身份证件类型＿＿＿＿,身份证件号码＿＿＿＿＿＿＿＿＿＿,系我单位员工
(正式编制、派遣制、临时、其他[请注明]),并且该员工:

1. 现在我单位＿＿＿＿部门任职,职务为＿＿＿＿,职称为＿＿＿＿。

2. 已与我单位签订＿＿＿＿年劳动合同,期限至＿＿＿＿年＿＿＿＿月止。

3. 税后月均收入　元人民币。

人事劳资部门联系人:＿＿＿＿＿＿

人事劳资部门联系电话:＿＿＿＿＿＿

我单位保证上述填写的内容是真实、无误的。

单位公章或人事劳资部门章

年　　　月　　　日

表单 2-5-3 房屋产权证 YHT－108

中华人民共和国
房屋所有权证

房权证	字	号		
房屋所有权人				
身 份 证 号				
房 屋 坐 落				
登 记 时 间				
房 屋 性 质				
规 划 用 途				
房屋状况	房屋结构	套内建筑面积	建筑面积	其他

中华人民共和国
房屋所有权证

房权证	字	号		
房屋所有权人				
身 份 证 号				
房 屋 坐 落				
登 记 时 间				
房 屋 性 质				
规 划 用 途				
房屋状况	房屋结构	套内建筑面积	建筑面积	其他

注：房屋性质请选择填写：商品房，房改房，经济适用房，廉租房；规划用途请选择填写：住宅，商业。

表单 2-5-4 购房合同 YHT－109

班级:_____
姓名:_____
学号:_____

浙江财经大学东方学院　　　　　　　　　　《金融综合实训》

房地产买卖合同

合同双方当事人:

出卖人: _____

注册地址: _____

法定代表人: _____　**联系电话:** _____

营业执照注册号: _____

企业资质证书号: _____

买受人: _____

姓名: _____　**国籍:** _____

身份证种类: _____　**号码:** _____

地址: _____　**联系电话:** _____

　　根据《中华人民共和国法》、《中华人民共和国城市房地产管理法》及其他有关法律、法规之规定,受买人和出卖人在平等、自愿、协商一致的基础上就买卖商品房达成如下协议:

第一条　项目建设依据

......

第五条　所购房屋的基本情况

房屋购买地址: _____　户型: _____

均价: _____　总价: _____

......

我已阅读以上条款并遵守相关规定。

出卖人(签章): _____　　买受人(签章): _____

【法定代表人】: _____　　【法定代表人】: _____

_____年____月____日　　_____年____月____日

签于_____　　签于_____

浙江财经大学东方学院 启智网大学票根综合实训部　　　网址: www.zufedfc.edu.cn　编号: FDC-003

表单 2-6-1 模拟银行第一支行信用卡申请表 YHT－111

浙江财经大学东方学院　　　　　　　　　　《金融综合实训》

模拟银行第一支行信用卡申请表

您的个人资料（必须填写）

中文姓名：_____ 姓名拼音字母（大写，姓与名用空格分开）：_____
出生日期：_____ 性别：____ 婚姻状况：____ 供养人数：____ 人
身份证号码：_____ 籍贯：_____ 教育程度：_____
母亲姓氏：_____ 邮政编码：_____ 邮箱：_____
联系电话：区号_____ 电话_____ 手机：_____
本人名下住房性质（　　）：购买价格：　　万 月供：　　元
A.商品房有按揭　　B.商品房无按揭　　C.已购公房　　D.自建私房
本人名下购车：
车辆品牌：　　　　　购买价格：　　万 月供：　　元
现住宅地址：　　　　　　　　　　　　　　　　邮编：
信用卡寄卡地址：　　　　　　　　　　　　　　邮编：
已有借记卡：_____
已有信用卡：_____

您的职业资料（公司填写）

任职部门：　　　职务：　　职称：　　工作年限：　　年收入：　　万
办卡地住宅地址：　　　　　　　　　　　　入住年限：　　年　　月

您的联系人资料（必须填写，联系人无需负担保责任）

直系亲属姓名：_____ 与您的关系：_____
单位名称：_____
固定电话：区号_____ 电话：_____
手机：_____

非直系亲属：（您的紧急联系人，联系人无需负担保责任）

姓名：_____ 与您的关系：_____（同事或朋友）
单位名称：_____
固定电话：区号_____ 电话：_____
手机：_____

申办信用卡总额度：_____（万）

备注：
1.办理过信用卡并且使用到6个月以上的，请将现有信用卡的两面复印件邮寄或网上提交。
2.请将本人名下房产复印件或车辆行驶证复印件连同其他相关资料邮寄或网上提交。
3.以上所有内容请大家真实填写，确保顺利下卡。切记！

签名：_____

浙江财经大学东方学院　白智明大宗教综合系训中心　　　　　　网址：www.zufedfc.edu.cn　编号：YHT-108

第三阶段实训　证券业务

任务一　开立证券账户

一、任务简述

投资者须拥有合法、有效的证券账户才能参与证券交易活动。一般来说,投资者可以在证券营业部的经营场所内办理开立账户的相关手续,也可以通过由证券公司(营业部)提供的见证、网上及中国证监会认可的其他方式开立账户。

＊为令本实训项目参与者能身临其境体验开立账户的相关流程,本实训证券营业部仅提供现场开户服务。

二、课前预习

1. 投资者需已开立至少一个有效的银行账户,以用于指定为第三方存管银行账户。

2. 投资者需携带本人居民身份证(或其他有效身份证明文件)及已开立的银行账户前往证券营业部开立账户。

＊若需代理人代办业务,请办理相关授权手续。详情请咨询证券营业部工作人员。

三、实训内容和任务清单（附表单）

表单 3-1-1 证券开户客户说明 ZQT－127

表单 3-1-2 证券公司客户账户开户协议 ZQT－128

表单 3-1-3 自然人开户申请表(必填)ZQT－001

任务二　开通相关交易权限

一、任务简述

由于某些证券种类风险等级较高,中国证监会出于保护投资者的目的,规定投资者在开立账户时并非默认开通其交易此类股票的功能,而须在满足一定条件后,才能申请开通其交易权限。此类股票主要有创业板市场股票、风险警示板股票及退市整理期股票。

本任务要求投资者在清楚了解此类股票的风险特征后,根据要求开通账户的相关交易功能。

二、课前预习

1. 了解创业板股票、风险警示板股票及退市整理期股票的特点、风险及交易规则上的不同(见知识库)。

2. 了解开通相关交易权限所需满足的要求。

3. 准备开通交易权限所需要的材料,前往证券营业部柜台办理开通权限的手续。

创业板股票
风险大吗

三、实训内容和任务清单（附表单）

表单 3-2-1 创业板市场投资风险揭示书 ZQT－023

表单 3-2-2 退市整理期股票交易风险揭示书 ZQT－024

表单 3-2-3 风险警示股票交易揭示书 ZQT－025

表单 3-2-4 投资风险确认书(选填)ZQT－124

任务三　证券交易操作

一、任务简述

"股市有风险,入市需谨慎。"这当然不是一句口号,而是对投资者的一种警示。对于投资者而言,投资前不仅要清楚市场的风险,对市场有理性的判断,更应该清楚自己的风险承受能力,并据此合理分配投资资金、制订符合自己承受能力的投资计划,以应对风云变幻的市场。

在制定了符合自身投资风格的投资策略之后,投资者即可据此开始自己的投资之旅。任务要求投资者在本轮实训中,必须要有至少一笔交易记录(买入和卖出至少一手股票)。以此作为是否完成本项任务的根据,且此项任务的得分与投资收益率无关。

二、课前预习

1. 合理配置资金,确定投资证券的资金额度。

2. 搜集各方面(政治、政策、宏观经济、公司财务数据等)可能会对证券市场或相关行业及个股产生影响的信息,加以提取、分析,并据以选择相关的行业、板块、概念或个股进行关注。

3. 结合自身的资金配置和风险承受能力,制订投资计划。

本任务要求投资者能够熟练操作系统中的相关功能操作,包括资金账户的管理、资金划转、买卖证券等。

＊投资者必须明白,证券市场中已成交的买卖是不可逆的,任何因自身的操作失误或者对交易规则的不熟悉而造成的损失必须由自己承担。

买股票之前需要
遵守哪些炒股法则

如何制订家庭
投资理财计划

任务四　选做任务

一、任务简述

1. 账户关键资料变更:是指客户资产账户姓名/名称、证件号码等关键资料的变更业务。

＊该任务由教师指定部分或全部投资者参与。

2. 账户一般资料变更:是指客户的电话号码、通讯地址、邮编及 E-mail 地址、证件有效期变更等账户一般资料的变更业务。

＊该任务由教师指定部分或全部投资者参与。

3. 试题库选题测试:根据学生实训进度,随机挑选试题库中证券部分的相关试题供学生完成,用时大约 30 分钟。

二、课前预习

1. 在进行账户资料变更的任务时,投资者需携带身份证明文件前往证券营业部柜台办理。

2. 在完成试题库选题测试前,学生需对实训知识库内容进行自学。

附录3   第三阶段任务表单汇总

表单 3-1-1 证券开户客户说明(客户须知)QT-127

客户须知

班级:_____
姓名:_____
学号:_____

尊敬的客户:

当您投资金融市场的时候,请您务必了解以下事项:

一、充分知晓金融市场法规知识

当您自愿向证券公司申请开立客户账户时,应充分知晓并遵守国家有关法律法规、监管政策、业务规则及证券公司的业务制度和业务流程。如您委托他人代理开立客户账户的,代理人也应了解并遵守国家有关法律法规、监管政策、业务规则及证券公司的业务制度和业务流程。

二、审慎选择合法的证券公司及其分支机构

当您准备进行证券交易等金融投资时,请与合法的证券公司分支机构签订客户账户开户协议以及其他业务协议等,有关合法证券公司及其分支机构和证券从业人员的信息可通过中国证券业协会网站查询。

三、严格遵守账户实名制规定

当您开立客户账户时,应当出示本人/机构有效身份证明文件,使用实名,保证开户资料信息真实、准确、完整、有效,保证资金来源合法。如您的个人身份信息发生变更,您应当及时与所委托的证券公司分支机构联系进行变更。

四、严禁参与洗钱及恐怖融资活动

如您的交易涉嫌洗钱、恐怖融资,证券公司将依法履行大额交易、可疑交易报告义务;如您先前提交的身份证明文件已过有效期,未在合理期限内更新且没有提出合理理由的,证券公司可中止为您办理业务。

五、妥善保管身份信息、账户信息、数字证书、账户密码

为确保您账户的安全性,我们特此提醒您,在申请开立客户账户时,您应自行设置相关密码,避免使用简单的字符组合或本人姓名、生日、电话号码等相关信息作为密码,并定期修改密码。您应妥善保管身份信息、账户信息、数字证书及账户密码等,不得将相关信息提供或告知他人使用(包括证券公司工作人员)。由于身份信息、账户信息、数字证书或账户密码的泄露、管理不当或使用不当造成的后果和损失,将由您自行承担。

六、选择适当的金融产品

金融市场中可供投资的产品有很多,其特点和交易规则也有很大不同,请您了解

自己的风险承受能力,尽量选择相对熟悉的、与自己风险承受能力匹配的金融产品进行投资。在投资之前,请您务必详细了解该产品的特点、潜在的风险和交易规则,由于您投资决策失误而引起的损失将由您自行承担。

此外,除依法代销经国家有关部门或者其授权机构批准或者备案的在境内发行并允许代销的各类金融产品外,证券公司不会授权任何机构(包括证券公司分支机构)或个人(包括证券公司工作人员)擅自销售金融产品。因此,在购买金融产品时,请您核实该产品的合法性,不要私下与证券公司工作人员签署协议或向其交付资金。

七、选择熟悉的委托方式

证券公司为您提供的委托方式有柜台、自助以及您与证券公司约定的其他合法委托方式。其中,自助方式包括网上委托、电话委托、热键委托等,具体委托方式以实际开通为准。请您尽量选择自己相对熟悉的委托方式,并建议您开通两种以上委托方式。请您详细了解各种委托方式的具体操作步骤,由于您操作不当而引起的损失将由您自行承担。对于通过互联网进行操作的方式,您应特别防范网络中断、黑客攻击、病毒感染等风险,避免造成损失。

八、审慎授权代理人

如果您授权代理人代您进行交易,我们建议您,在选择代理人以前,应对其进行充分了解,并在此基础上审慎授权。代理人在代理权限内以您的名义进行的行为即视为您本人的行为,代理人向您负责,而您将对代理人在代理权限内的代理行为承担一切责任和后果。特别提醒您不得委托证券公司工作人员(包括证券经纪人)作为您的代理人。

九、切勿全权委托投资

除依法开展的客户资产管理业务外,证券公司不会授权任何机构(包括证券公司分支机构)或个人(包括证券公司工作人员)开展委托理财业务。建议您注意保护自身合法权益,除依法开展的客户资产管理业务外,不要与任何机构或个人签订全权委托投资协议,或将账户全权委托证券公司工作人员操作,否则由此引发的一切后果将由您本人自行承担。在参与依法开展的客户资产管理业务时,请您务必详细了解客户资产管理业务的法律法规和业务规则,核实所参与的资产管理产品的合法性。

十、证券公司客户投诉电话

当您与签订协议的证券公司或其分支机构发生纠纷时,可拨打证券公司客户投诉电话进行投诉,电话号码:××××××。

本人/机构已详细阅读并理解了《客户须知》的各项内容。

客户:

(个人签字/机构盖章)

签署日期:　　年　　月　　日

证券公司客户账户开户协议

甲方(投资者)：＿＿＿＿＿＿

乙方(证券公司分支机构)：＿＿＿＿＿＿

依据《中华人民共和国证券法》《中华人民共和国合同法》《中华人民共和国电子签名法》《证券公司开立客户账户规范》,中国证券监督管理委员会(以下简称为"中国证监会")颁布的相关规章,以及其他有关法律、法规、规章和自律规则的规定,甲乙双方就乙方为甲方开立证券公司客户账户(以下简称"客户账户"或"账户")及其他相关事宜达成如下协议,供双方共同遵守。

第一章　双方声明和承诺

第一条　甲方向乙方作如下声明和承诺：

1. 甲方具有中国法律所要求的进行金融投资的主体资格,不存在中国法律、法规、规章、自律规则等禁止或限制进行金融投资的任何情形,并保证用于进行金融投资的资金来源合法。

2. 甲方已经充分了解并自愿遵守有关客户账户开立的法律、法规、规章、自律规则和乙方客户账户管理相关规章制度等规定。

3. 甲方保证,其在本协议签署之时,以及存续期间内,向乙方提供的所有证件、资料和其他信息均真实、准确、完整、有效,承担因资料不实、不全或失效引致的全部责任,同意乙方对甲方信息进行合法验证和报送。

4. 甲方承诺审慎评估自身投资需求和风险承受能力,自行承担其所参与金融活动的风险。

5. 甲方确认,其已阅读并充分理解和接受《客户须知》和本协议所有条款,并准确理解其含义,特别是双方权利、义务和免责条款。

第二条　乙方向甲方作如下声明和承诺：

1. 乙方是依照中国有关法律法规设立且有效存续的证券经营机构,乙方的经营范围以证券监督管理机构批准的经营内容为限。

2. 乙方具有开展业务的必要条件,能够为甲方提供本协议下约定的金融服务。

3. 乙方已按规定实施客户交易结算资金第三方存管。

4. 乙方承诺遵守有关法律、法规、规章、自律规则的规定。

5. 除依法开展乙方营业范围内的客户资产管理业务外,乙方不接受甲方的任何全权交易委托,不对甲方进行的金融活动的投资收益或亏损进行任何形式的保证,不编造或传播虚假信息误导甲方,不诱使甲方进行不必要的金融市场投资或任何其他投资行为。

6. 乙方承诺遵守本协议,按本协议为甲方开立客户账户并提供相关账户服务。

第二章 双方权利和义务

第三条 甲方的权利和义务:

(一)甲方权利

1. 享有乙方承诺的各项服务的权利。

2. 有权获知有关甲方账户的功能、委托方式、操作方法、佣金及其他服务费率、利率、交易明细、资产余额等信息。

3. 有权在乙方的营业时间或与乙方约定的其他时间内,在乙方经营场所或通过乙方提供的自助方式,查询和核对其客户账户内的资金或证券的余额和变动情况。

4. 有权监督乙方的服务质量,对不符合质量要求的服务进行意见反馈或投诉。

5. 享有本协议约定的其他权利。

(二)甲方义务

1. 确保客户账户仅限甲方本人使用,不得出租或转借该客户账户。

2. 严格遵守本协议及乙方公布的所有相关服务规则、业务规定等,由于甲方未遵守本协议或乙方的服务规则和业务规定等而导致的后果、风险和损失,由甲方承担。

3. 对所提交的身份证明文件以及其他开户资料的真实性、完整性、准确性和有效性负责。甲方信息发生任何变更或有效身份证明文件失效、过期的,应及时以乙方认可的方式进行修改。如因甲方未能及时以乙方认可方式对甲方信息进行修改而导致的后果、风险和损失,由甲方承担。

4. 妥善保管身份信息、账户信息、数字证书及账户密码等,不得将相关信息提供或告知他人使用。由于甲方对上述信息、数字证书或账户密码的泄露、管理不当或使用不当造成的后果、风险和损失,由甲方承担。

5. 及时关注和核对客户账户中各项交易、资金记录等。如发现有他人冒用、盗用等异常或可疑情况时,应立即按照乙方的业务规定办理账户挂失或密码重置手续。在甲方办妥上述相关手续前已发生的后果、风险和损失,由甲方承担。

6. 履行本协议约定的其他义务。

第四条 乙方的权利和义务:

(一)乙方权利

1. 依照有关法律、法规、规章、自律规则的规定,对甲方身份和提供的信息资料的真实性、准确性、完整性、有效性进行验证和审核,决定是否为甲方开立客户账户并提供相关账户服务等。

2. 根据相关法律、法规、规章、自律规则,制定账户管理相关的业务规定和流程,并要求甲方遵守和执行。

3. 如甲方利用乙方提供的账户服务从事洗钱或恐怖融资活动、非真实交易或其他违法违规活动的,乙方有权停止为甲方提供账户服务。

4. 享有本协议约定的其他权利。

(二)乙方义务

1. 告知甲方账户管理和使用的相关规则和规定,并进行必要的风险提示。

2. 依照相关法律及甲方以乙方认可的方式发出的指示,及时、准确地为甲方办理账户开立、查询、变更和注销等手续。

3. 公布咨询投诉电话,对甲方的咨询和投诉及时答复和办理。

4. 对甲方提供的申请资料、业务记录和其他信息予以保密,不得泄露、出售、传播及违背客户意愿使用客户信息,但根据法律法规或国家有权机关的要求披露上述信息的除外。由于乙方对甲方提供的上述信息、数字证书或账户密码的泄露、管理不当造成的后果和损失,由乙方承担。

5. 按照有关法律、法规、规章、自律规则的规定,履行投资者教育、适当性管理、客户回访、反洗钱等有关职责和义务。

6. 履行本协议约定的其他义务。

第三章　账户的开立、变更和注销

第五条 乙方可以在经营场所内为甲方现场开立账户,也可以按照相关规定,通过见证、网上及中国证监会认可的其他方式为甲方开立账户。乙方代理证券登记结算机构或法律、法规、规章认可的其他机构,为甲方开立证券账户或其他账户的,应遵循相关规定。

第六条 甲方在申请开立账户时,须出具真实有效的身份证明文件,按照乙方业务规定,如实提供和填写有关信息资料,配合乙方留存相关复印件或影印件、采集影像资料等工作。甲方委托他人代理开户时,代理人须提供真实有效的身份证明文件及授权委托文件,自然人委托他人代为办理开户的,代理人应当提供经公证的授权委托文件。

第七条 甲方在申请开立账户时,应自行设置密码并妥善保管,避免使用简单的字符组合或本人姓名、生日、电话号码等相关信息作为密码。甲方应当定期修改密码,并充分认识由于密码设置过于简单而可能导致的风险。

第八条 为保护甲方权益,甲方须配合乙方就账户开立等有关事宜对甲方进行回访,乙方应以适当方式予以留痕。如回访时出现异常,乙方有权限制账户的开通或使用。

第九条 甲方须配合乙方进行投资者教育和客户风险承受能力评估。乙方须将评估的结果告知甲方,评估方式可以采用书面或电子方式。甲方可通过书面或网上方式查询评估的结果。

第十条 甲方变更甲方信息中的重要资料时,应当及时通知乙方,并按乙方要求办理变更手续。

前款所述甲方信息中的重要资料包括但不限于:客户名称、身份证明文件类型及号码、联系地址、联系电话、职业、授权代理人及授权事项等相关信息。

第十一条 甲方申请变更客户名称、身份证明文件类型及号码等关键信息时,应当经乙方重新进行身份识别,约定按_____方式办理。

第十二条 在以下所有条件均满足时,甲方可以向乙方申请注销其客户账户:

1. 账户内托管资产余额为零;

2. 账户内交易的结算、交收等均已经完成;

3. 账户不存在任何未解除的限制措施;

4. 账户不存在任何未了结的债权债务;

5. 其他法律、法规规定或双方约定的情形。

第十三条 甲方申请注销其客户账户,应按乙方业务规定,并经乙方重新进行身份识别和审核后,采取_____方式办理。乙方依照本协议的约定解除本协议并要求甲方注销客户账户时,也适用同样规则。

第四章　账户的使用和管理

第十四条 乙方为甲方开立的账户用于记录甲方所参与金融活动的相关信息,包括但不限于证券交易、金融投资等金融活动产生的清算交收、收益分配、支付结算、计付利息等。

第十五条　甲方存取资金应符合国家法律法规及中国人民银行、国家外汇管理局、中国证监会等监管机构的有关规定。

第十六条　为保护甲方权益,甲方在操作账户时,如果连续输错密码等达到乙方规定次数的,乙方有权暂停该委托方式甚至冻结账户。甲方账户的解冻事宜按照乙方业务规定处理,由此造成的损失由甲方自行承担。

第十七条　甲方委托乙方代理证券市场投资或参与其他金融投资所发出的交易指令,应符合证券市场及其他金融市场的交易规则,并应符合本协议以及甲乙双方达成的其他有关协议的约定。甲方发出的交易指令成交与否,以证券登记结算机构及其他金融市场登记结算机构发送的清算数据为准。乙方按照相关交易规则和结算规则代理甲方进行清算交收。

第十八条　甲方通过其账户下达的交易指令及下达指令的方式应当符合法律法规、证券市场及其他金融市场交易规则的规定。如甲方的交易指令违反法律法规、证券市场及其他金融市场交易规则等规定,乙方有权按照证券交易所及其他金融监管机构或自律性组织的要求对甲方账户采取限制措施,包括但不限于时间限制、数量限制、金额限制、品种限制等,由此造成的后果由甲方自行承担。

第十九条　乙方按照有关法律、法规、规章、自律规则以及证券交易所、证券登记结算机构及其他金融市场交易和登记结算规则进行清算交收,并收取甲方各项交易费用、佣金、服务手续费,代扣代缴税费等。

乙方有权依法制定上述佣金及其他服务费用的收取标准,并可根据市场状况调整上述收取标准,但乙方应按照相关法律法规要求,事先履行有关备案及公告程序,告知甲方。

第二十条　乙方按照中国人民银行、中国证监会的有关规定对甲方账户计付利息。

第二十一条　甲方应当妥善保管身份信息、账户信息、数字证书和账户密码。甲方使用数字证书或密码进行的操作视为本人操作。甲方通过使用数字证书和密码办理的文件签署、信息变更等行为和转账、交易等所产生的电子信息记录,视为上述各项行为或交易的合法有效凭证。

第二十二条　当甲方遗失账户资料、数字证书或账户密码,或发现有他人冒用、盗用等异常或可疑情况时,甲方应及时向乙方或数字证书签发机构办理挂失或密码重置,在挂失或密码重置生效前已经发生的交易或损失由甲方自行承担。如因乙方未及时办理,造成甲方损失加重的,乙方应对损失加重的部分做出赔偿。

第二十三条　甲方可以依照法律法规及乙方业务规定,授权代理人为其办理相关业务及下达交易指令等,并可以乙方认可的方式撤销上述授权。甲方授权代理人在授权期限及范围内办理的相关业务和下达的交易指令,视同甲方本人所为。

甲方不得以任何方式全权委托乙方工作人员代理其决定证券买卖、选择证券种类、决定买卖数量或者买卖价格。

第二十四条　有下列情形之一的,乙方可要求甲方限期纠正,甲方不能按期纠正或拒不纠正的,乙方可视情形对甲方账户采取相应措施。由此造成的损失,由甲方自行承担。

1. 有充分证据证明甲方以前开立的账户有假名情况,应立即要求甲方重新开立真实身份的账户,如甲方拒绝,乙方应采取停用账户的措施;

2. 甲方先前提交的身份证件或者身份证明文件已过有效期的,乙方应当要求甲方进行更新。甲方没有在合理期限内更新且没有提出合理理由的,乙方认为必要时,应限制甲方交易活动(包括但不限于注销客户账户、限制账户交易或取款等);

3. 如乙方发现甲方的资金来源不合法或违反反洗钱相关规定的,乙方应当依法协助、配合司法机关和行政执法机关打击洗钱活动,依照法律法规的规定协助司法机关、海关、税务等部门查询、冻结和扣划客户存款;

4. 甲方存在被监管部门、证券交易所认定的异常交易行为或其他影响正常交易秩序的异常交易行为,乙方将按照证券交易所要求对甲方采取相应措施;

5. 法律、法规规定的乙方可对甲方采取相应措施的其他情形。

第五章　免责条款和争议的解决

第二十五条　因地震、台风、水灾、火灾、战争、瘟疫、社会动乱及其他不可抗力因素导致的甲方损失,乙方不承担任何赔偿责任。

第二十六条　因乙方不可预测或无法控制的系统故障、设备故障、通信故障、电力故障等突发事故及其他非乙方人为因素,以及监管部门和自律组织等规定的其他免责情形,给甲方造成的损失,乙方如无过错则不承担任何赔偿责任。

第二十七条　第二十五、二十六条所述事件发生后,乙方应当及时采取措施防止甲方损失可能的进一步扩大。

第二十八条　如出现涉及甲方财产继承或财产归属的事宜或纠纷,乙方将按公证机关出具的公证文件或司法机关出具的生效裁判文书办理。

第二十九条　本协议未尽事宜,按照法律、法规、规章、自律规则的规定协商解决。

第三十条　本协议执行中发生的争议,甲乙双方可以自行协商解决或向中国证券业协会证券纠纷调解中心申请调解,若协商或调解不成,双方同意按以下第　　种方式解决:(如甲方不作选择,即默认为选择 2)

1. 提交_____仲裁委员会仲裁；

2. 向乙方所在地法院提起诉讼。

第六章 协议的生效、变更和终止

第三十一条 本协议可采用电子方式或纸质方式签署。

采用电子方式签署本协议的,甲方以电子签名方式签署本协议后本协议即告生效,甲方电子签名与在纸质合同上手写签名或盖章具有同等法律效力,无须另行签署纸质协议。

采用纸质方式签署本协议的,本协议自双方签字盖章之日起生效。本协议一式两份,甲乙双方各执一份,每份具有同等的法律效力。

第三十二条 本协议签署后,若有关法律、法规、规章、自律规则、证券登记结算机构业务规则以及证券交易所交易规则修订,本协议相关条款与其中强制性规定发生冲突的,按新修订的法律、法规、规章、自律规则、业务规则及交易规则办理,但本协议其他内容及条款继续有效。

第三十三条 本协议签署后,若前款所述法律、法规、规章、自律规则、证券登记结算机构业务规则以及证券交易所交易规则发生修订,本协议相关条款与其中规定存在差异,乙方认为应据此修改或变更本协议的,有关内容将由乙方在其经营场所或网站以公告方式通知甲方,若甲方在七个交易日内不提出异议,则公告内容生效,并成为本协议的组成部分,对甲乙双方均具有法律拘束力。

第三十四条 乙方提出解除本协议的,应以向甲方发送通知(以下称为"解除通知")的方式告知甲方,并在该解除通知中说明理由。如乙方是依照本协议第二十四条的约定解除本协议,则在乙方发出解除通知之时,本协议即解除。解除通知的方式适用本协议第三十七条的约定。

甲方在收到乙方的解除通知后应按照第十三条所约定的账户注销方式办理销户手续。在甲方收到乙方解除协议通知至甲方销户手续期间,乙方不再接受甲方除卖出持有证券及其他金融产品外的其他委托指令。

第三十五条 如甲方提出解除本协议的,应依照本协议第十二、十三条约定的条件和程序,办理账户注销手续。在甲方办理完账户注销手续后,本协议即告终止。甲方的销户申请应以双方事前约定或乙方认可的方式提出。在甲方提出销户申请时起,乙方不再接受甲方除卖出持有证券及其他金融产品以外的所有其他委托指令。

第三十六条 如遇国家法律、法规、监管规定调整,导致乙方在本协议下为甲方提供的金融服务无法正常开展的,本协议将自国家相关法律、法规、监管规定生效之日起自动终止,在此情况下,乙方无须对甲方承担违约责任。

第七章　附则

第三十七条　本协议所指乙方的通知方式除上述条款中已有约定外,可以是书面通知、电话通知、短信通知、邮件通知或公告通知等。

邮寄的书面通知自送达甲方联系地址时生效,因甲方自己提供的联系地址不准确、送达地址变更未及时告知乙方、甲方或者其指定的代理人拒绝签收,导致书面通知未能被甲方实际接收的,书面通知退回之日视为送达之日;电话通知、短信通知和邮件通知即时生效;公告通知在乙方公告(公告内容由乙方在其营业场所及网站或至少一种中国证监会指定的信息披露报刊上发布)之日起七个交易日内甲方没有提出异议的,即行生效。

第三十八条　本协议所涉及名词、术语的解释,以法律法规的规定为准;法律法规没有解释的,适用中国证监会、证券交易所、证券登记结算机构和中国证券业协会等规范性文件、业务规则及行业惯例。

甲方(个人签字/机构盖章):　　　　　　　乙方(签章):

机构经办人(签字):　　　　　　　　　　乙方经办人(签章):

签署日期:　　年　　月　　日　　　　签署日期:　　年　　月　　日

表单 3-1-3 自然人开户申请表(必填)ZQT－001

浙江财经大学东方学院 　　　　　　　　　　　　　《金融综合实训》

自然人开户申请表

投资者名称		移动电话	
身份证号			
银行账号			
E-mail地址		邮政编码	

申请开立账户类型	□上海 A 股股票账户 □深圳 A 股股票账户	□新开　□已有 □新开　□已有
	□上海封闭基金、ETF、国债户 □深圳封闭基金、ETF、国债户	□新开　□已有 □新开　□已有
	□开放式基金账户 □开通开放式基金自动开户协议设置 □上海 B 股股票账户（美元） □深圳 B 股股票账户（港币）	□新开　□已有 □新开　□已有 □新开　□已有
	□融资融券账户	
	□其他	

学历	□博士　□硕士　□学士　□大专　□中专　□高中　□初中及以下
职业	□文教科卫专业人员　□党政机关工作人员　□企事业单位干部 □行政企事业单位工人 □农民　□个体工商户　□无业　□军人　□学生　□证券从业人员
行业	□农、林、牧、渔业　□采矿业　□制造业　□电力、燃气及水的生产和供应业　□建筑业 □科学研究、技术服务和地质勘查业　□交通运输、仓储和邮政业　□批发和零售业 □金融业　□房地产业　□租赁和商务服务业　□卫生、社会保障和社会福利业 □文化、体育和娱乐业　□国家机关、政党机关和社会团体 □信息传输、计算机服务和软件业　□住宿和餐饮业　□水利、环境和公共设施管理业 □居民服务和其他服务业　□教育　□国际组织　□公共管理与社会组织
交易方式	□柜台系统　□电话委托　□刷卡委托　□热键委托 □手机委托　□网站委托　□网上交易　□其他
指定三方存管银行	银行名称：

本人承诺以上填写内容真实准确。

申请人签章：　　　　　　　　　　　　　　　申请日期：　　年　月　日

经办人：

网址：www.zufedfc.edu.cn　编号：ZQT-001

创业板市场投资风险揭示书

尊敬的投资者：

与主板市场相比，创业板市场有其特有的风险，为了使您更好地了解创业板市场投资的基本知识和相关风险，根据有关法律、法规、规章和规则的规定，本公司特向您进行如下风险揭示，请认真阅读并签署。

一、重要提示

（一）创业板市场发行、上市等业务规则与现有的主板、中小企业板市场的相关业务规则存在一定差别。在参与创业板市场投资之前，请您务必认真阅读《首次公开发行股票并在创业板上市管理暂行办法》《深圳证券交易所创业板股票上市规则》《深圳证券交易所创业板公司规范运作指引》等有关规章、业务规则和指引。

（二）创业板市场上市公司与现有的主板市场上市公司相比较，一般具有成长性强、业务模式新，但规模较小、经营业绩不够稳定等特点。在参与创业板市场投资之前，请您务必仔细研读相关公司的《招股说明书》《上市公告书》、定期报告及其他各种公告，了解公司基本情况，做到理性投资，切忌盲目跟风。

（三）为确保市场的"公开、公平、公正"和稳定健康发展，创业板市场将采取更加严格的措施，强化市场监管。请您务必密切关注有关创业板市场上市公司的公告、风险提示等信息，及时了解市场风险状况，依法合规从事创业板市场投资。

（四）您在申请开通创业板市场交易时，请配合本公司开展的投资者适当性管理工作，完整、如实提供所需信息。如不能做到这一点，本公司可以拒绝为您提供开通创业板市场交易服务。

（五）本风险揭示书无法详尽列示创业板市场的全部投资风险。您在参与此项业务前，请务必对此有清醒认识。

二、创业板市场投资特别风险揭示

参与创业板市场投资，除具有与主板市场投资同样的风险外（详见《证券交易委托代理协议指引》之风险提示书），还请您了解以下内容并特别关注五大类风险（请认真阅读并逐项确认）。

确认 请打√	风险 类型	风险描述
☐	规则差异可能带来的风险	我国创业板市场与现有主板市场在制度和规则等方面有一定的差异,如认知不到位,可能给投资者造成投资风险。包括但不限于: 一、创业板市场股票首次公开发行并上市的条件与主板市场存在较大差异。创业板市场股票发行人的基本条件是: （一）依法设立且持续经营三年以上的股份有限公司; （二）最近两年连续盈利,最近两年净利润累计不少于一千万元,且持续增长;或者最近一年盈利,且净利润不少于五百万元,最近一年营业收入不少于五千万元,最近两年营业收入增长率均不低于30%; （三）最近一期末净资产不少于两千万元,且不存在未弥补亏损; （四）发行后股本总额不少于三千万元。 二、创业板市场信息披露规则与主板市场存在较大差异。例如,临时报告仅要求在证监会指定网站和公司网站上披露。如果投资者继续沿用主板市场信息查询渠道的做法,可能无法及时了解到公司所披露信息的内容,进而无法知悉公司正在发生或可能发生的变动。 三、创业板市场上市公司退市制度较主板市场更为严格。 四、其他发行、上市、交易、信息披露等方面的规则差异
☐	退市风险	创业板市场上市公司退市制度设计较主板市场更为严格,主要区别有: 一、创业板市场上市公司终止上市后可直接退市,不再像主板市场上市公司一样,要求必须进入代办股份转让系统; 二、针对创业板市场上市公司的风险特征,构建了多元化的退市标准体系,增加了三种退市情形; 三、为提高市场运作效率,避免无意义的长时间停牌,创业板市场将对三种退市情形启动快速退市程序,缩短退市时间。 因此,与主板市场相比,可能导致创业板市场上市公司退市的情形更多,退市速度可能更快,退市以后可能面临股票无法交易的情况,购买该公司股票的投资者将可能面临本金全部损失的风险
☐	公司经营风险	与主板市场上市公司相比,创业板市场上市公司一般处于发展初期,经营历史较短,规模较小,经营稳定性相对较低,抵抗市场风险和行业风险的能力相对较弱。此外,创业板市场上市公司发展潜力虽然可能巨大,但新技术的先进性与可靠性、新模式的适用面与成熟度、新行业的市场容量与成长空间等都具有较大不确定性,投资者对创业板市场上市公司高成长的预期并不一定会实现,风险较主板大
☐	股价大幅波动风险	以下原因可能导致创业板市场上市公司股价发生大幅波动: 一、公司经营历史较短,规模较小,抵抗市场风险和行业风险的能力相对较弱,股价可能会由于公司业绩的变动而大幅波动; 二、公司流通股本较少,盲目炒作会加大股价波动,也相对容易被操纵; 三、公司业绩可能不稳定,传统的估值判断方法可能不尽适用,投资者的价值判断可能存在较大差异
☐	技术失败风险	创业板市场上市公司高科技转化为现实的产品或劳务具有不确定性,相关产品和技术更新换代较快,存在出现技术失败而造成损失的风险

上述风险揭示事项仅为列举性质,未能详尽列明创业板市场的所有风险因素,您在参与创业板市场投资前,还应认真阅读相关公司的《招股说明书》和《上市公告书》等,对其他可能存在的风险因素也应有所了解和掌握。我们诚挚地希望和建议您,从风险承担能力等自身实际情况出发,审慎参与创业板市场投资,合理配置金融资产。

声　明

　　本声明是《创业板市场投资风险揭示书》的重要构成部分,请投资者认真阅读上述风险揭示书后进行签署确认。

　　以下内容由具备两年(含两年)以上股票交易经验的投资者抄写:
　　(本人确认已阅读并理解创业板市场相关规则和上述风险揭示书的内容,具有相应的风险承受能力,自愿承担参与创业板投资的风险和损失。)
　　经办人(签字):　　　　　　　　　　客户(签字):
　　签署场所:
　　华泰证券××营业部(盖章)
　　日　期:　　年　　月　　日　　　　　日　期:　　年　　月　　日
　　特别提示:投资者在本风险揭示书上签字,即表明投资者已经理解并愿意自行承担参与创业板投资的风险和损失。

拟终止上市公司股票退市整理期
交易风险揭示书

尊敬的投资者：

为使投资者充分了解退市整理期股票的交易风险，根据有关证券交易法律、法规、规章、规则，本公司特向您进行如下风险揭示，敬请您充分了解、认真阅读并签署，慎重决定是否进行退市整理期股票的交易。

一、重要提示

（一）投资者在参与退市整理期股票交易投资之前，请您务必认真阅读《深圳证券交易所创业板股票上市规则》《深圳证券交易所股票上市规则》《深圳证券交易所交易规则》《上海证券交易所股票上市规则》以及其他行政规章、规范性文件和业务规则和指引，充分了解退市整理期股票交易的交易规则。

（二）投资者在参与退市整理期股票交易投资之前，请您务必仔细研读相关公司的《招股说明书》《上市公告书》、定期报告及其他各种公告，了解公司基本情况，做到理性投资，切忌盲目跟风。

（三）为确保市场的"公开、公平、公正"和稳定健康发展，拟终止上市公司股票退市整理期交易市场将采取更加严格的措施，强化市场监管。请您务必密切关注有关上市公司的公告、风险提示等信息，及时了解市场风险状况，依法合规从事参与退市整理期股票交易市场投资。

（四）投资者在申请开通参与退市整理期股票交易投资时，请配合本公司开展的投资者适当性管理工作，完整、如实提供所需信息，确保客户账户资料信息规范。如不能做到这一点，本公司可以拒绝为您提供开通参与退市整理期股票市场交易服务。

（五）本交易风险揭示书无法详尽列示参与退市整理期股票交易市场的全部投资风险。您在参与此项业务前，请务必对此有清醒认识。

二、退市整理期股票交易风险

参与退市整理期股票交易投资，请投资者认真阅读了解以下内容并特别关注以下风险：

（一）退市整理期拟终止上市公司股票已被证券交易所作出终止上市决定，在一定期限届满后将被终止上市,风险相对较大。

（二）拟终止上市公司股票退市整理期的交易期限累计仅为三十个交易日,期限届满,上市公司股票将被终止上市。投资者应当密切关注退市整理期股票的剩余交易日和最后交易日,否则有可能错失卖出机会,造成不必要的损失。

（三）退市整理期间,主板、中小板上市公司股票的全天停牌不计入三十个交易日的期限内。

（四）拟终止上市公司股票退市整理期的交易可能存在流动性风险,投资者买入后可能因无法在股票终止上市前及时卖出所持股票而导致损失。

（五）投资者在参与拟终止上市公司股票退市整理期交易前,应充分了解退市制度、退市整理期股票交易规则和进入退市整理期上市公司的基本面情况,并根据自身财务状况、实际需求及风险承受能力等,审慎考虑是否买入退市整理期股票。

（六）按照现行有关规定,虽然主板、中小板上市公司股票被终止上市后可以向证券交易所申请重新上市,但须达到交易所重新上市条件,能否重新上市存在较大的不确定性。

（七）投资者应当特别关注拟终止上市公司退市整理期期间发布的风险提示性公告,及时从指定信息披露媒体、上市公司网站以及证券公司网站等渠道获取相关信息。

（八）投资者应当遵守"买卖自负"的原则,不得以不符合投资者适当性标准为由拒绝承担交易履约责任。

（九）因技术风险、电力故障等都可能对交易造成不利影响的其他风险。

声明:本《拟终止上市公司股票退市整理期交易风险揭示书》的提示事项仅为列举性质,未能详尽列明拟终止上市公司股票退市整理期交易的所有风险。投资者在参与退市整理期股票交易前,应认真阅读相关公司上市说明书以及交易所相关业务规则,并做好风险评估与财务安排,确定自身有足够的风险承受能力,避免因参与退市整理期股票交易而遭受难以承受的损失。客户确认已知晓并理解以上《拟终止上市公司股票退市整理期交易风险揭示书》的全部内容,并愿意承担拟终止上市公司股票退市整理期交易的任何风险和损失。

甲方（签字）:（投资者）　　　　　　　　乙方（盖章）:（营业部）

　　资金账号:

　　机构公章:

机构代理人（签字）:　　　　　　　经办人:　　　复核人:

　　签署日期:　年　月　日　　　　　　签署日期:　年　月　日

风险警示股票交易风险揭示书
（上海市场）

尊敬的投资者：

　　为了维护您自身的利益，在您准备交易风险警示股票之前，请您仔细阅读《风险警示股票交易风险揭示书》（以下简称《风险揭示书》），知晓相关风险和责任，充分考虑自身风险承受能力后，独立做出是否签署本风险揭示书的决定。

　　一、客户在参与风险警示股票交易前，应充分了解客户买卖风险警示股票应当采用限价委托的方式。

　　二、客户在参与风险警示股票交易前，应充分了解风险警示股票价格的涨跌幅限制与其他股票的涨跌幅限制不同。

　　三、风险警示股票盘中换手率达到或超过一定比例的，属于异常波动，交易所可以根据市场需要，对其实施盘中临时停牌。

　　四、投资者当日通过竞价交易和大宗交易累计买入的单只风险警示股票，数量不得超过 50 万股。投资者当日累计买入风险警示股票数量，按照该投资者以本人名义开立的证券账户与融资融券信用证券账户的买入量合并计算；投资者委托买入数量与当日已买入数量及已申报买入但尚未成交、也未撤销的数量之和，不得超过 50 万股。

　　五、客户在参与风险警示股票交易前，应充分了解风险警示股票交易规定和相关上市公司的基本面情况，并根据自身财务状况、实际需求及风险承受能力等，审慎考虑是否买入风险警示股票。

　　六、客户应当特别关注上市公司发布的风险提示性公告，及时从指定信息披露媒体、上市公司网站以及证券公司网站等渠道获取相关信息。

　　七、我公司提供给您买入风险警示股票的委托方式有：网上交易客户端（不含 Web 方式）、热自助、刷卡委托、电话委托、远程委托、手机（不含鑫财通、Wap）、平板电脑委托。我公司也可以根据业务需求，对包括但不限于以上委托方式做调整，但不再单独签署资料协议，届时以我公司发布在营业场所的公告为准。

　　八、信用交易不适用于上述第七条，我公司提供给您信用交易买入风险警示股票的委托方式有：网上交易客户端（不含 Web 方式）、热自助、手机（仅限于 iPhone、安卓，不含鑫财通、Wap)、平板电脑(仅限于 iPad、安卓系统 Pad)委托。我公司也可以根据业务需求,对包括但不限于以上委托方式做调整,但不再单独签署资料协议,届时以我公司发布在营业场所的公告为准。

本《风险揭示书》的提示事项仅为列举性质,未能详尽列明风险警示股票交易的所有风险。

您签署本风险揭示书,表明您确认已知晓并理解《风险揭示书》的全部内容,愿意承担风险警示股票交易的风险和损失。

客户签名(机构盖章):

客户编号/主资金账号:

证券账户:

年　　月　　日

表单 3-2-4 投资风险确认书(选填)ZQT—124

班级:＿＿＿＿＿＿＿
姓名:＿＿＿＿＿＿＿
学号:＿＿＿＿＿＿＿

投资风险确认书

本人(资金账号/信用资金账号)确认已阅读并理解:

□《创业板市场投资风险揭示书》

□《退市整理期股票交易风险揭示书》

□《风险警示股票交易揭示书》

的内容,知晓本人的风险承受能力等级。

　　本人自愿参与相关品种的投资,具有相应的风险承受能力,了解并愿意承担相关的各种风险及可能发生的损失。同时,本人已经与模拟证券公司约定通过预留的联系方式向本人发送相关通知,通知自本人预留的任何一种方式发出后,即可视为已告知本人。

投资者签名:

年　　月　　日

股票交易记录表

日期: **记录:**

大盘	热点板块		仓位	盈亏比例
	领涨:	领跌:		

操作情况									
有☐					无☐				
	开仓(买入)				平仓(卖出)				
代码									
名称									
价格									
现价									
数量									
盈亏									
仓位比									

操作分析						
代码名称	技术分析	基本面分析	其他	盈亏点		周期
				止盈:	止亏:	
				止盈:	止亏:	
				止盈:	止亏:	
				止盈:	止亏:	

盘中分析	
大盘分析	
持仓个股分析	
盘面异动分析	

盘后心得

班级:＿＿＿＿＿＿＿
姓名:＿＿＿＿＿＿＿
学号:＿＿＿＿＿＿＿

股票交易记录表

日期: **记录:**

大盘	热点板块		仓位	盈亏比例
	领涨:	领跌:		

操作情况								
有☐				无☐				
	开仓(买入)				平仓(卖出)			
代码								
名称								
价格								
现价								
数量								
盈亏								
仓位比								

操作分析							
代码名称	技术分析	基本面分析	其他	盈亏点			周期
				止盈:	止亏:		
				止盈:	止亏:		
				止盈:	止亏:		
				止盈:	止亏:		

盘中分析	
大盘分析	
持仓个股分析	
盘面异动分析	

盘后心得

股票交易记录表

日期：   **记录：**

大盘	热点板块		仓位	盈亏比例
	领涨：	领跌：		

操作情况									
有 ☐				无 ☐					
	开仓(买入)				平仓(卖出)				
代码									
名称									
价格									
现价									
数量									
盈亏									
仓位比									

操作分析						
代码名称	技术分析	基本面分析	其他	盈亏点		周期
				止盈：	止亏：	
				止盈：	止亏：	
				止盈：	止亏：	
				止盈：	止亏：	

盘中分析	
大盘分析	
持仓个股分析	
盘面异动分析	

盘后心得

表单 3-3-1 股票交易记录表(必填)ZQT－129

班级：＿＿＿＿＿＿＿
姓名：＿＿＿＿＿＿＿
学号：＿＿＿＿＿＿＿

股票交易记录表

日期：　　　　　　　　　　　　　　　　**记录：**

大盘	热点板块		仓位	盈亏比例
	领涨：	领跌：		

操作情况									
有☐				无☐					
	开仓(买入)				平仓(卖出)				
代码									
名称									
价格									
现价									
数量									
盈亏									
仓位比									

操作分析						
代码名称	技术分析	基本面分析	其他	盈亏点		周期
				止盈：	止亏：	
				止盈：	止亏：	
				止盈：	止亏：	
				止盈：	止亏：	

盘中分析	
大盘分析	
持仓个股分析	
盘面异动分析	

盘后心得

班级：_____
姓名：_____
学号：_____

股票交易记录表

日期：   记录：

大盘	热点板块		仓位	盈亏比例
	领涨：	领跌：		

操作情况								
有 ☐				无 ☐				
	开仓(买入)				平仓(卖出)			
代码								
名称								
价格								
现价								
数量								
盈亏								
仓位比								

操作分析						
代码名称	技术分析	基本面分析	其他	盈亏点		周期
				止盈：	止亏：	
				止盈：	止亏：	
				止盈：	止亏：	
				止盈：	止亏：	

盘中分析	
大盘分析	
持仓个股分析	
盘面异动分析	

盘后心得

第四阶段实训 期 货

任务一　开期货商品账户

一、学习内容

本人携带有效身份证明和银行卡去期货柜台开立期货商品账户。

二、实训内容和任务清单（附表单）

表单 4-1-1 期货经纪合同－签署页 QHT－001

表单 4-1-2 期货投资者尽职调查表(自然人)QHT－006

表单 4-1-3 期货开户申请表 QHT－101

商品期货
开户流程

任务二　投资者教育

一、学习内容

观看期货视频,了解期货的基本知识及原理。

二、课前预习

请参考《学习指导书》。

任务三　期货账户资料的变更

一、学习内容

本人携带有效身份证明去期货柜台办理期货账户资料的变更。

二、课前预习

请参考《学习指导书》。

期货投资者
教育系列宣传片

任务四　商品期货交易

一、学习内容

进行商品期货的买入开仓、卖出平仓、卖出开仓、买入平仓等交易。

期货基础知识

二、课前预习

1.掌握期货基础知识；

2.掌握期货基本交易知识。

任务五　开通金融期货账户权限并入金

一、学习内容

1.进行至少10笔商品期货交易，并记录在《期货交易记录表》。

2.商品期货账户有可用资金50万元。

3.符合以上2个条件的投资者，本人携带身份证和《期货交易记录表》去期货公司办理业务。

金融期货
开户流程

4.办理成功后投资者连通金融期货账户与银行账户，并向金融期货账户中转入资金。

二、实训内容和任务清单（附表单）

表单 4-5-1 期货交易记录表 QHT－201

任务六　金融期货交易

一、学习内容

至少进行2笔金融期货的交易。

二、课前预习

1.了解金融期货的基本特点。

2.金融期货交易主要可分为以下四种操作：买入开仓、卖出平仓、卖出开仓、买入平仓。请理解这四种操作。

沪深 300 股指期货

任务七　制定期货交易策略

一、学习内容

制定期货交易策略,以该交易策略为交易依据进行交易并记录、分析结果。

二、课前预习

参考机构写的投资交易策略,具体可参考:

(1)和讯网:www.hexun.com。

(2)中投(天琪)期货(农产品是强项):http://www.tqfutures.com。

三、实训内容和任务清单（附表单）

表单 4-7-1 期货投资交易策略表 QHT－202。

铜期货投资
分析报告

附录 4　第四阶段任务表单汇总

表单 4-1-1 期货经纪合同－签署页 QHT－001

浙江财经大学东方学院　　　　　　　　　　　　《金融综合实训》

期货经纪合同（签署页）

1.客户须知

以上《客户须知》本人/本单位已阅并完全理解。

（请抄写以上划线部分）

2. 期货交易风险说明书（市场风险莫测，务请谨慎投资）

以上《期货交易风险说明书》本人/本单位已阅读并完全理解。

（请抄写以上划线部分）

	甲方		乙方
名称	模拟期货公司	名称	
授权签字		个人（法定代表人/开户代理人）签字	
盖章		法人单位盖章	
签约日期	年　月　日	签约日期	年　月　日

- -

以下内容由甲方人员填写

开户经办人：

经办日期：

网址：www.zufedfc.edu.cn　　编号：QHT－001-2

投资者尽职调查表（自然人客户）

填表时间：　　年　月　日

姓名		性别		国籍		民族		身份证到期日	
年龄	□20 岁以下　□21－30 岁　□31－40 岁 □41－51 岁　□51－60 岁　□60 岁以上					教育程度		□小学　□初中　□高中 □大专　□本科　□硕士　□博士	
所属行业	□政府机关　□事业单位　□企业　□离退休人员　□学生　□职业投资者　□其他								
职业	□公务员　　　　□一般职员　□财务人员　□研发人员　□营销人员　□律师　□记者 □高层管理人员　□司法人员　□公安人员　□服务人员　□工程师　　□教师　□编辑 □中层管理人员　□医务人员　□个体户　　□设计师　　□学生　　　□退休 □体力劳动者　　□体育工作者　□影视广告工作者　□不便分类的其他职业＿＿＿＿								
工作单位									
账户实际 受益人		性别		国籍			证件类型及 证件号码		
家庭年总收入	□20 万以下　□20～50 万元 □50～100 万元　□100 万元 以上		预计入 市资金	□20 万以下　□20～50 万元 □50～100 万元　□100～1000 万元　□1000 万元以上					
证券投资经验	□1 年以下　□1～2 年 □3～5 年　□5 年及以上		期货投 资经验	□1 年以下　□1～2 年 □3～5 年　□5 年以上		期望参与的期货 交易类型		□投机 □套利	
投资风险偏好	□低风险　□中风险　□高风险		年期望 回报率	□0－5％　□5％－10％　□10％－50％　□50％以上					
是否接受过投 资者风险教育	□是　　　　□否		希望接受何种投资者 教育方式		□网站　□现场　□短信　□书籍 其他＿＿＿＿＿				
是否愿意接受 专业服务	□是　　　　□否		希望接受何种专业服务						

（以上内容填写属实）投资者签名：

以下内容由模拟期货工作人员填写：

开户经办人风 险等级评定	□低风险 □中风险　主要依据＿＿＿＿＿＿ □高风险　主要依据＿＿＿＿＿＿ 开户经办人签字：	总经理意见	 总经理签名：

浙江财经大学东方学院　　　　　　　　　　　《金融综合实训》

开户申请表（自然人）

会员名称	东方模拟期货

自然人开户申请

姓名		性别		出生日期		职业	
国籍/地区		身份证号码				有效期限	
联系电话							
联系地址					邮政编码		
是否从事过期货交易		是			否		
从事期货交易的目的		保值			投机		

客户期货结算账户

户名（全称）	期货保证金存管银行名称（写明具体开户网点）	期货结算账户账号	此账户是否开通银期转账（Y/N）	此账户是否开通网上银行（Y/N）

声明：以上为本人登记的用于期货交易出入金的期货结算账户，本人在期货公司的出入金均通过以上账户办理，且该账户仅用于期货结算，不开通其他任何与此无关的业务功能。

　　本人有能力承担因参与期货交易而产生的风险，并保证参与期货交易资金来源的合法性和所提供资料的真实性；承诺遵守期货交易所在的各项业务规则，自愿承担期货交易结果。

申请人签名：　　　　　　　　　　　　　申请日期：　　年　　月　　日

说明：
1. 客户开立账户必须提供身份证明及相关证明文件，并保证证明文件的真实性；
2. 客户明确此申请表的客户开户必备法律文件之一，保证以上填写内容属实，并在上述填写内容发生变化时及时书面通知期货公司，期货公司有权进行核实。

表单 4-5-1 期货交易记录表 QHT－201

期货交易记录表

序号	交易时间	合约	开仓/平仓	买/卖	数量(手)	委托价格	成交价格
1							
2							
3							
4							
5							
6							
7							
8							
9							
10							
11							
12							
13							
14							
15							
16							

注：交易时间精确到分钟。

表单 4-7-1 期货投资交易策略表 QHT－202

姓名：_____

学号：_____

期货投资交易策略表

日期：

编写人员：

交易品种	基本面信号（提示：根据宏观热点、产业调研报告、产业热点，分析其利多或利空）	技术面信号（提示：量价分析、技术指标分析等）	交易指令（买/卖）	仓位占比（如：满仓、半仓等）	止损/止盈位	交易结果（盈亏金额）	交易结果分析（提示：对交易结果做客观分析，总结交易过程中做得好的地方，也总结出不足及改进方案）
例如：铜	智利地震，破坏了一部分产铜设备。智利是全球产铜大国，这属于利多因素	整理平台放量向上突破，可选择买入	买入	10％	铜价下跌2％止损；上涨3％止盈；或3天内平仓	0.5％	交易收益比较差。地震等突发事件对铜价的影响时间很短，一般是1～3天。按基本面需要最快速度买入，但一般又会等技术面向上突破才买入，导致收益幅度下降

注：交易信号中基本面或者技术面会发出多种信号，可两者综合考虑，也可以选择其一。但交易信号和止损止盈信号来源需一致。

第五阶段实训 基 金

任务一　私募基金组建的准备

一、学习内容

私募基金组建的准备分为两个步骤：第一，以上报的 6 人团队作为私募基金的投资团队，选拔一名基金经理，由基金经理负责，组织团队其他成员设计一只私募基金，并填写"私募基金要素表"；第二，各团队派一名成员到银行开立一个单独的银行账户。

二、课前预习

自学私募基金的概念，理解私募基金与公募基金的区别以及私募基金的组织架构，并推选一名基金经理。同时，自学"私募基金要素表"的重要术语，了解银行企业账户的开设流程。

一分钟读懂
私募基金

三、任务完成清单

表单 5-1-1　私募基金要素表 JJT－001。

私募基金
核心知识

任务二　私募基金路演

一、学习内容

每只基金团队进行路演，要求准备 PPT，重点介绍私募基金的基本要素和投资风格，时间 5 分钟。供台下的投资者对各基金产品认购之用。

二、课前预习

学习基金路演需准备的资料，明确该只基金路演的主要目的、投资对象、投资方式、投资风格及策略等，确定本基金产品在路演过程中的核心竞争力，理清拟展示的内容。

阿里巴巴
IPO 路演

任务三　私募基金认购

一、学习内容

每位投资者根据各团队路演的情况，填写基金认购申请表，并完成系统操作。同时，基金公司的工作人员负责统计每只基金的总认购金额，并公布基金路演募集结果，宣布各只基金募资成功与否。

二、课前预习

1.分清认购和申购的区别，学会填写基金认购书，学习专业术语。

2.熟悉公募基金超市。

理财类网站

三、任务完成清单

表单5-3-1　基金认购/申购书 JJT—014。

任务四　私募基金的投资管理(选做)

一、学习内容

1.私募基金投资管理。

2.私募基金信息公示。

二、课前预习

1.了解基金分红的基本原则，明确投资组合操作的基本步骤。

2.了解私募股权基金的投后管理。

私募基金管理人如何
进行投资后管理

三、任务完成清单

表单5-4-1　基金资产变动表 JJT—020。

表单5-4-2　基金净值及违规信息披露 JJT—021。

附录 5　第五阶段任务表单汇总

表单 5-1-1　私募基金要素表 JJT－001

私募基金要素表

班级：＿＿＿＿＿＿
姓名：＿＿＿＿＿＿
学号：＿＿＿＿＿＿

基金名称		基金经理	
基金简称		基金助理	
基金类型:□股票型　□期货型　□混合型			
预计资金募集规模	（　　）万元	基金代码	
比较基准:□上证指数　□深证指数　□沪深 300 指数　□上证 50 指数			
募资银行账户:0000000151022081		正式银行账户:	
投资范围	沪市证券:□主板股票 深市证券:□主板股票　□中小板股票　□创业板股票 商品期货:□上海期货　□大连期货　　□郑州期货 金融期货:□股指期货　□国债期货		
仓位限制	股票仓位不得低于总资产＿＿＿＿％,不得高于总资产＿＿＿＿％; 期货仓位不得低于总资产＿＿＿＿％,不得高于总资产＿＿＿＿％; 单只股票仓位不得高于总资产＿＿＿＿％; 单只期货品种仓位不得高于总资产＿＿＿＿％		
基金简介			
相关费率	认购费（　　）％　最小认购金额（　　）元 申购费（　　）％　最小申购金额（　　）元 管理费（　　）％　账户最小剩余份额（　　）元 赎回费（　　）％　基金定投最小申购金额（　　）元 托管费（　　）％		
业绩报酬	提取净值之上＿＿＿＿（0～30％）		

以上有关产品要素表的内容,本投资团队已完全理解并接受。

客户(基金经理助理)签名:　　　　基金公司市场岗签名:　　　　基金公司盖章:

日期:　　　　　　　　　　　　日期:　　　　　　　　　　　　日期:

班级：_____

姓名：_____

学号：_____

开放式基金认购/申购申请表

（涂改无效）

申请日期：年　　月　　日

提示：投资人在填写此申请表前必须认真阅读所购买基金的《招募说明书》《基金合同》及本表附属条款

投资人填写																
业务类型		□认购　　□申购														
基金账号		交易账号														
申请人名称																
申请人/经办人证件类型		申请人/经办人证件号码														
认购/申购基金名称		认购/申购基金金额（分别标出各只基金认购/申购金额）	基金1					基金2				基金3				
认购/申购基金代码			总计	拾	亿	仟	佰	拾	万	仟	佰	拾	元	角	分	
经办人姓名		联系电话														

申请人/经办人声明	
本人/本机构已了解国家有关开放式基金的法律、法规及相关政策,愿意接受本基金的《基金合同》《招募说明书》及本表附属条款的约束。本机构保证所提供的资料真实、有效,并自愿履行基金投资人的各项义务,自行承担基金投资风险,确认本申请表所填信息的真实性和准确性,承诺在所填信息变更时及时更新,本机构亦保证资金来源和用途的合法性,特此签章。 　　本经办人具有完全民事行为能力,并获得充分授权进行此项交易。	申请人签章：　　　　　经办人签章： （机构申请人需在此加盖预留印签章） 　　　　　　　　　　年　　月　　日

以下内容由直销中心填写			
客户经理（经理人）	录入人	复核人	直销中心盖章

注：以上信息仅代表您的申请已被接受,并非确认成交。最终结果以登记注册机构的确认为准。您可以在 T＋2 日（自申请接受之日起第二个工作日）到本直销中心进行查询或打印"交易清单",也可以通过本公司网站或客户服务电话进行查询。

此表一式三联:第一联直销中心留存;第二联登记注册机构留存;第三联及附件投资人留存

表单 5-4-1 基金资产变动表 JJT—020

班级:_____
姓名:_____
学号:_____

基金资产变动表

持股名称	原有基金资产		现有基金资产	
	单价	金额	单价	金额
基金资产净值				

表单 5-4-2 基金净值及违规信息披露 JJT—021

日期:

基金名称	基金代码	当天净值	违规信息披露

注:该表由基金公司负责填写。

第六阶段实训　外汇实训

任务一　开外汇账户并入金

一、学习内容

2. 连通银行账户与外汇账户,并向外汇账户中转入资金。

二、课前预习

请参考《学习指导书》。

三、实训内容和任务清单（附表单）

表单 6-1-1 外汇开户申请表 WHT－001。

外汇基础知识入门

什么是外汇投资

任务二　外汇交易

一、学习内容

1. 进行开仓、平仓操作。

预计某外汇期货合约的价格要上涨,则进行买入开仓操作,价格果然上涨,则进行卖出平仓赚取利润;若价格下降,且预期会一直下降则进行卖出平仓,以减少损失。

若预计某外汇期货合约的价格要下跌,则进行卖出开仓操作,价格果然下跌,则进行买入平仓赚取利润;若价格上涨,且预期会一直上涨则进行买入平仓,以减少损失。

2. 交易量达到 10 手。

二、课前预习

1. 了解外汇期货基本特点,进行外汇期货的交易。交易主要可分为以下四种操作:买入开仓、卖出平仓、卖出开仓、买入平仓。

2. 熟悉相关操作品种,以及其影响价格的因素。

外汇行情

任务三　制定和填写外汇投资交易策略表

一、学习内容

结合自身交易习惯制定外汇交易策略，并填写外汇投资交易策略表。

二、课前预习

1. 参考机构写的投资交易策略 www.hexun.com（和讯网）。

2. 请参考《学习指导书》。

外汇入门

三、实训内容和任务清单（附表单）

表单 6-2-3 外汇投资交易策略表 WHT－002。

附录6 第六阶段任务表单汇总

表单6-1-1 外汇开户申请表 WHT－001

外汇开户申请表

班级：＿＿＿＿＿＿＿

姓名：＿＿＿＿＿＿＿

学号：＿＿＿＿＿＿＿

姓名		性别		出生日期	
家庭住址					
家庭电话		证件号			
手机		E-mail			
公司名称		邮编			
公司地址					
首选邮寄	□家庭　□公司	首选联络方式	□家庭电话　　□公司电话　　□手机		
指定银行账户(仅限申请人本人账户)	银行　　　　　　　　　　　　　　　　　分/支行				
	银行账号：				
	开户人：				

参与个人外汇理财交易业务的投资者相关信息	
职业	□公司职员(□正式员工　□劳务工)　□公务员 □个体经营　□自由职业　□无业　　□退休　　□其他
行业	□行政管理　□计算机技术　□金融贸易　□财务审计 □广告策划　□医疗　□教育　□农林水产　□化工　□其他
年收入 (元人民币)	□无收入　□10万以下　□10万～20万　□20万～30万　□30万～40万 □40万～50万　□50万～60万　□60万～70万　□70万～100万 □100万及以上
金融资金 (元人民币)	□5万以下　□5万～10万　□10万～20万　□20万～30万 □30万～40万　□40万～50万　□50万～60万　□60万～70万 □70万～100万　□100万及以上
获知途径	□拜访公司　□熟人介绍　□相关研讨会 □公司主页　□报纸广告　□其他
投资目的	□谨慎选择投资　□对外汇投资感兴趣 □追求投资收益　□既有兴趣又追求收益
投资经验	□股票(　　年)　□基金(　　年)　□信托投资(　　年) □实业投资(　　年)　□外汇(　　年)　□期货(　　年) □债券(　　年)　□保险(　　年)　□其他(　　年)　□无投资经验

客户需提交身份证、地址证明、银行卡复印件

客户在保证所提供的身份证及其他有关资料的真实性、合法性、有效性的前提下进行签字。

客户签字：＿＿＿＿＿＿＿＿　　日期：＿＿＿＿＿＿＿＿

表单 6-3-1 外汇投资交易策略表 WHT—002

外汇投资交易策略表

班级：＿＿＿＿＿＿＿＿
姓名：＿＿＿＿＿＿＿＿
学号：＿＿＿＿＿＿＿＿

日期：

编写人员：

交易品种	基本面信号（提示：根据利率政策、国际收支状况、国际外交状况、宏观热点等，分析其利多或利空）	技术面信号（提示：量价分析、技术指标分析等）	交易指令（买/卖）	仓位占比（如：满仓、半仓等）	止损/止盈位	交易结果（盈亏金额）	交易结果分析（提示：对交易结果做客观分析，总结交易过程中做得好的地方，也总结出不足及改进方案）

注：交易信号中，基本面或者技术面会发出多种信号，可两者综合考虑，也可以选择其一。但交易信号和止损止盈信号来源需一致。